股权代持纠纷

最高人民法院典型案例深度解析

刘 斌◎著

法律出版社 LAW PRESS · CHINA
北京

图书在版编目(CIP)数据

股权代持纠纷：最高人民法院典型案例深度解析 / 刘斌著. -- 北京：法律出版社，2023
ISBN 978 - 7 - 5197 - 7429 - 5

Ⅰ.①股… Ⅱ.①刘… Ⅲ.①股权 - 经济纠纷 - 案例 - 中国 Ⅳ.①D922.291.915

中国版本图书馆 CIP 数据核字(2022)第 241538 号

股权代持纠纷
——最高人民法院典型案例深度解析
GUQUAN DAICHI JIUFEN
—ZUIGAO RENMIN FAYUAN DIANXING ANLI SHENDU JIEXI

刘　斌　著

策划编辑　似　玉
责任编辑　似　玉
装帧设计　汪奇峰

出版发行 法律出版社
编辑统筹 法律应用出版分社
责任校对 张翼羽
责任印制 刘晓伟
经　　销 新华书店

开本 710 毫米×1000 毫米　1/16
印张 14.25　　**字数** 204 千
版本 2023 年 9 月第 1 版
印次 2023 年 9 月第 1 次印刷
印刷 三河市兴达印务有限公司

地址:北京市丰台区莲花池西里 7 号(100073)
网址:www.lawpress.com.cn
投稿邮箱:info@lawpress.com.cn
举报盗版邮箱:jbwq@lawpress.com.cn

销售电话:010 - 83938349
客服电话:010 - 83938350
咨询电话:010 - 63939796

书号:ISBN 978 - 7 - 5197 - 7429 - 5　　**定价**:62.00 元
凡购买本社图书,如有印装错误,我社负责退换。电话:010 - 83938349

前　言

现代商事交易中，商事主体基于各组利益考量经常会采取隐名投资方式，也相应催生了股权代持兴起。股权代持作为可以实现资本所有权、资本收益权与资本控制权分离的重要工具之一，在商事实践中广泛存在。《公司法司法解释（三）》的出台，规范了股权代持纠纷的基本裁判规则。自2013年起，股权代持纠纷案件呈现较大增长，但基于资本利益的驱动，股权代持行为在实践中被广泛异化，使得代持纠纷案件案情更为复杂，研判股权代持效力及确定利益归属的争议更大凸显。

广义上的股权代持泛指名义股东和真实权利人发生分离的情形，狭义的股权代持仅发生在实际出资人和名义股东之间。本书所选案例中的股权代持，指实际出资人与名义出资人约定，由实际出资人出资并享有投资权益，以名义出资人为记名股东的情况。由此，股权代持行为就涉及实际出资人（"隐名股东"）与名义出资人（"显名股东"）二者相互之间、二者与被投资公司之间、二者与公司外部债权人之间、二者与各自债权人之间等多层次、多方面的法律关系，其中各有裁判标准及法律价值导向评断。

在金融强监管背景下，细分领域的监管规定不断完善，股权代持问题在不同案例中体现出不同的司法导向。《公司法司法解释（三）》肯定了委托出资关系的法律效力及实际出资人权益，但人民法院在上市公司以及金融机构股权代持纠纷个案中连续确认股权代持协议因违规并危害社会公共利益而无效，使得代持协议的效力陷入不确定风险之中，体现了司法行为对金融领域投资的审慎评判及协同功能。从审判实践结果考量，由于代持原因、代持方式以及被代持主体的不同，股权代持引发的风险有较大差异，人民法院在股权代持事实要素区分识别的基础上对其法律关系和法律后果进行规范层面的区分认定，并依据股权代持的具体情境，对违规股权代持及其收益进行处置、分配，以期合理划分行政监管与司法审判的界限。

股权代持纠纷除了涉及实际出资人与名义股东的内部关系，如果该代持股权成为了诉争对象，还可能涉及公司治理、公司外部债权人、股东个人债权人等法律主体，股权代持行为也相应具有了明显的外部性效应，需要司法对上述诸多主体的权利保护顺位、利益保护侧重、商事外观主义适用、显名化程序等进行法理阐释和规范指引。

在执业过程中，我们处理了较多的股权代持争议，由此引发了我们对该专题的研究。截至 2022 年，我们在案例数据库中对最高人民法院审理的近 600 个案例代持纠纷案例进行了系统、全面、深入的梳理及分析，我们从中整理出 20 余个典型案例。按案例的核心争议焦点，分为“代持协议的效力认定”“代持法律关系的认定”“隐名股东的显名化”“代持纠纷涉及的第三人，包括名义股东债权人、目标公司债权人的利益衡量”四个专题。

本书试图以此厘清股权代持协议纠纷的审判思路，全面展现股权代持案件的实践样貌，提出我们对相关问题的理解和探讨，为未来可能面临的争议解决提供思路或参考。股权代持实践经验的提取不仅涉及公司法领域内的大量理论问题，也因应我国监管政策调整因素，导致司法裁判需要相应考量和针对性回应。限于篇幅，本书所编选的案例仅限于部分领域，对一些争议观点，鉴于相关法律和司法解释未予明文，囿于学力，本书所提出的只是我们结合当下法规政策的有限思考。商事实践的发展日趋专业和精细复杂，每一个案例都是汇聚大浪潮的重要组成部分，希冀本书可以起到些许参考助力。

缩略语对照表

一、法律法规		
序号	简称	全称
1	《民法典》	《中华人民共和国民法典》(2020 年 5 月 28 日第十三届全国人民代表大会第三次会议通过)
2	《民法通则》	《中华人民共和国民法通则》(2009 年 8 月 27 日第十一届全国人民代表大会常务委员会第十次会议修正)
3	《民法总则》	《中华人民共和国民法总则》(2017 年 3 月 15 日第十二届全国人民代表大会第五次会议通过)
4	《担保法》	《中华人民共和国担保法》(1995 年 6 月 30 日第八届全国人民代表大会常务委员会第十四次会议通过)
5	《合同法》	《中华人民共和国合同法》(1999 年 3 月 15 日第九届全国人民代表大会第二次会议通过)
6	《物权法》	《中华人民共和国物权法》(2007 年 3 月 16 日第十届全国人民代表大会第五次会议通过)
7	《婚姻法》	《中华人民共和国婚姻法》(2001 年 4 月 28 日第九届全国人民代表大会常务委员会第二十一次会议修正)
8	《房地产管理法》	《中华人民共和国城市房地产管理法》(2019 年 8 月 26 日第十三届全国人民代表大会常务委员会第十二次会议第三次修正)
9	《民事诉讼法》	《中华人民共和国民事诉讼法》(2021 年 12 月 24 日第十三届全国人民代表大会常务委员会第三十二次会议第四次修正)
10	《公司法》	《中华人民共和国公司法》(2018 年 10 月 26 日第十三届全国人民代表大会常务委员会第六次会议第四次修正)

续表

序号	简称	全称
11	《证券法》	《中华人民共和国证券法》(2019年12月28日第十三届全国人民代表大会常务委员会第十五次会议第二次修订)
12	《台湾同胞投资保护法》	《中华人民共和国台湾同胞投资保护法》(2019年12月28日第十三届全国人民代表大会常务委员会第十五次会议第二次修正)
13	《涉外民事关系法律适用法》	《中华人民共和国涉外民事关系法律适用法》(2010年10月28日第十一届全国人民代表大会常务委员会第十七次会议通过)
二、司法解释及文件		
序号	简称	全称
1	《合同法司法解释(二)》	《最高人民法院关于适用〈中华人民共和国合同法〉若干问题的解释(二)》(法释〔2009〕5号,法释〔2020〕16号废止)
2	《公司法司法解释(二)》	《最高人民法院关于适用〈中华人民共和国公司法〉若干问题的规定(二)》(法释〔2008〕6号,法释〔2014〕2号第一次修正,法释〔2020〕18号第二次修正)
3	《公司法司法解释(三)》	《最高人民法院关于适用〈中华人民共和国公司法〉若干问题的规定(三)》(法释〔2011〕3号,法释〔2014〕2号第一次修正,法释〔2020〕18号第二次修正)
4	《民事诉讼法司法解释》	《最高人民法院关于适用〈中华人民共和国民事诉讼法〉的解释》(法释〔2015〕5号,法释〔2020〕20号第一次修正,法释〔2022〕11号第二次修正)
5	《民事执行规定》	《最高人民法院关于人民法院民事执行中查封、扣押、冻结财产的规定》(法释〔2004〕15号,法释〔2020〕21号修正)
6	《异议复议规定》	《最高人民法院关于人民法院办理执行异议和复议案件若干问题的规定》(法释〔2015〕10号,法释〔2020〕21号修正)
7	《登记管理条例》	《中华人民共和国公司登记管理条例》(中华人民共和国国务院令[第156号],中华人民共和国国务院令第746号废止)
8	《九民会议纪要》	《最高人民法院关于印发〈全国法院民商事审判工作会议纪要〉的通知》(法〔2019〕254号)
9	《〈九民会议纪要〉理解与适用》	《〈全国法院民商事审判工作会议纪要〉理解与适用》

目　　录

第一章

股权代持协议的效力认定

股权代持协议的效力认定是目前公司法司法实践中极具争议的问题，在股权投资日益兴起的情况下，通过股权代持等手段试图规避监管、入股公司的情形并不少见。

本章综合人民法院对股权协议效力的认定，选取商业银行、保险业、拟上市公司、上市公司作为典型代表，就代持协议效力、股权归属、股权增值后财产利益归属等问题，兼顾监管强度、交易安全保护以及社会影响等方面因素，依据个案详细分析。5个典型案例的解读及研究如下：

案例一

境外金融机构为规避国家金融监管规定而代持境内金融机构股权的，原则上应属无效，但对于收益或增值应当合理分割

——甲金融服务公司与乙中小企业投资公司委托投资纠纷案评析

2018年之前，中国对于境外金融机构投资入股中资金融机构存在诸多限制性规定。中国人民银行《关于向金融机构投资入股的暂行规定》(1994年)明确不允许外资向中资金融机构投资。2003年，中国银行业监督管理委员会(已撤销，以下简称银监会)《境外金融机构投资入股中资金融机构管理办法》允许外资经审批后入股中资金融机构。实践中，仍然存在外资通过代持方式投资中资金融机构以规避上述监管的情形。但是，由于上述监管规定并非法律、行政法规，外资委托代持境内金融机构股权的效力存在争议。此外，由于2018年颁布的《商业银行股权管理暂行办法》明确不允许(境内)商业银行股权代持，我们结合实践中案例对其效力一并进行了探讨。[①]

裁判要旨

境外金融机构代持境内金融机构股权，属于以合法形式掩盖非法目的的行为，应认定无效；代持协议无效后，应按照公平原则及合同法的基本精神，就增值利益进行分配。

---

① 值得注意的是，本案裁判所依据的《境外金融机构投资入股中资金融机构管理办法》已于2018年8月废止。

争议焦点

1. 股权代持法律关系与借贷法律关系应如何区分？

2. 境外金融机构代持境内金融机构股权的效力如何？

3. 股权代持协议无效，相关财产权益应如何分配？

案情概要

（一）基本案情

1. 案例索引

案号：（2002）民四终字第30号、（2001）高经初字第341号

案由：委托投资纠纷

审理法院：最高人民法院（二审）、北京市高级人民法院（一审）

裁判时间：2012年10月29日（二审）

2. 案件基本事实

甲金融服务公司是一家香港公司，为规避《关于向金融机构投资入股的暂行规定》（银发〔1994〕186号）关于外资、中外合资金融机构和企业均不得向中资金融机构投资的规定①，其于1995年委托乙中小企业投资公司（以下简称乙中小企业公司）代持境内丙银行的股权。2012年最高人民法院审理本案时，《境外金融机构投资入股中资金融机构管理办法》（中国银行业监督管理委员会令2003年第6号）已经开始有条件允许境外金融机构投资中资金融机构，但仍然规定必须经银监会批准。2000年，目标公司丙银行在上海证券交易所上市，本案代持股权增值利益巨大。2001年，双方就代持股权处置发生争议诉至法院。

原告、被告在一审中的主张：

乙中小企业公司（一审本诉原告、反诉被告、二审被上诉人）主张：双方当事人之间所形成的是借款合同关系，请求确认由该公司向甲金融服务公

---

① 中国人民银行《关于向金融机构投资入股的暂行规定》（银发〔1994〕186号）第12条规定："外资、中外合资金融机构和企业均不得向中资金融机构投资。"

司返还借款本息共计12,872.69万元人民币。

甲金融服务公司(一审本诉被告、反诉原告、二审上诉人)主张:双方当事人之间的关系是委托投资关系而非借款关系,请求判令解除其与乙中小企业公司的委托投资关系,由乙中小企业公司返还甲金融服务公司委托其持有的全部丙商业银行股份及其所分得的红利。

(二)法院观点及判决

■ 一审北京市高级人民法院

关于双方当事人之间法律关系的性质问题。乙中小企业公司与甲金融服务公司之间虽签订了《借款协议》和《补充借款协议》,但根据双方签订《委托书》和《补充委托书》及双方实际履行的情况、往来信函的内容看,双方当事人对委托事宜均系明知,也是双方订立合同之目的。另外,在履行合同期间,乙中小企业公司曾欲将其在丙商业银行的股权出让给甲金融服务公司指定的上海顶顶鲜超市有限公司而签订《协议书》、《股权转让协议》和《股权转让价款支付与监管协议》,更进一步印证本案双方当事人之间的委托关系,且中国人民银行对双方纠纷进行调解期间对委托关系亦予以认可。据此,应认定丙商业银行吸收的以乙中小企业公司为股东的投资,是境外机构甲金融服务公司的外汇。双方之间设立的是以借款为表现形式的委托投资法律关系,故该人民法院对于乙中小企业公司提出本案是借款纠纷的主张,不予采信。

关于本案委托关系的效力及其财产后果的处理。根据我国现行的金融法规规定,甲金融服务公司属于外资企业,其如果向境内金融机构投资,必须要经过政府有关部门严格的审批,否则,其不能以任何形式向境内金融机构投资。甲金融服务公司故意规避法律,以借款名义将其资金委托乙中小企业公司投资入股丙商业银行,双方的行为违反了金融法规的强制性规定,故应当认定乙中小企业公司与甲金融服务公司所签委托协议无效。对此,双方均有过错。按照无效合同引起的财产后果处理原则,乙中小企业公司应当将其以自己名义投入丙商业银行的本金返还甲金融服务公司,同时,还应将其在丙商业银行分得的红利45,814,912元人民币一并返还。

关于乙中小企业公司在丙商业银行股权的处置问题。本案在以借款为表现形式的委托法律关系被确认违法无效的前提下，该协议对双方不具有法律约束力。甲金融服务公司不能依据无效的法律关系取得丙商业银行的股权。甲金融服务公司属于外资企业，到目前为止，其未就向丙商业银行投资事宜办理经政府有关部门批准同意的手续。乙中小企业公司虽系依无效的委托关系而取得的丙商业银行股东地位，但其是依法定程序注册而取得的，且其股权的转让及股东的变更涉及丙商业银行及其他股东的利益。因此，甲金融服务公司要求乙中小企业公司将因其委托所取得的丙商业银行股权交回给甲金融服务公司或其指定的第三人的主张，于法无据，该院不予支持。

基于上述，一审北京市高级人民法院依照《合同法》第52条第3项、第5项和第58条之规定判决：(1)乙中小企业公司与甲金融服务公司签订的《借款协议》和《补充借款协议》、《委托书》和《补充委托书》无效；(2)乙中小企业公司于判决生效后10日内，偿还甲金融服务公司本金1094万美元；(3)乙中小企业公司于判决生效后10日内，赔偿甲金融服务公司45,814,912元人民币；(4)驳回乙中小企业公司、甲金融服务公司的其他诉讼请求。

■ **二审最高人民法院**

关于本案双方当事人之间法律关系的性质。根据一审、二审查明的事实，虽然甲金融服务公司与乙中小企业公司既签订了《委托书》又签订了《借款协议》，但从案涉有关合同和双方之间一系列往来函件表述的内容以及双方的实际履行情况看，甲金融服务公司与乙中小企业公司虽然签订了《借款协议》，但《借款协议》中明确约定借款用途为入股丙商业银行的资本金。乙中小企业公司在取得丙商业银行股份后未经甲金融服务公司同意不得处分该股权，所分红利亦应转给甲金融服务公司。上述合同内容明显不符合一般借款关系的特征，而是与双方所签订的《委托书》的内容相关联。此后乙中小企业公司向甲金融服务公司通报案涉资金入股丙商业银行的有关情况，以及双方欲将案涉股份转让给上海顶顶鲜超市有限公司等事实，亦表明双方是按照《委托书》的内容所履行。据此应当认为双方一致的真实意思是由甲金融服务公司出资入股丙商业银行，由乙中小企业公司出面作为丙商业银行名义上的股东，受托代表甲金融服务公司享有和行使股东权。原审认定本案双方之间法律关系的性质为委托关系是正确的，应予维持。

关于本案委托关系的效力。本案一方当事人甲金融服务公司为我国香港特别行政区的金融服务公司，在经济贸易活动中应当作为境外机构实施管理；其委托内地企业乙中小企业公司投资入股的中国丙商业银行为内地金融机构。我国现行的金融法规对于境外公司向内地金融机构投资作出了明确的规定。中国人民银行 1994 年 7 月颁布的《关于向金融机构投资入股的暂行规定》第 12 条规定，“外资、中外合资金融机构和企业均不得向中资金融机构投资”。银监会 2003 年 12 月颁布的《境外金融机构投资入股中资金融机构管理办法》第 4 条规定，“境外金融机构投资入股中资金融机构，应当经中国银行业监督管理委员会批准”。甲金融服务公司委托乙中小企业公司投资入股中国丙商业银行的行为，显然违反了内地金融管理制度的强制性规定。从双方签订和履行合同的整个过程可以看出，当事人对于法律法规的强制性规定是明知的，双方正是为了规避法律规定，采取“委托投资”的方式，使甲金融服务公司的投资行为表面上合法化。双方的行为属于《民法通则》和《合同法》规定的“以合法形式掩盖非法目的”的行为。因此，双方签订的《委托书》《补充委托书》《借款协议》《补充借款协议》均应认定无效。对此原审判决认定正确，应予维持。

关于本案合同无效的财产后果。根据《合同法》第 58 条的规定，“合同无效或者被撤销后，因该合同取得的财产，应当予以返还；不能返还或者没有必要返还的，应当折价补偿。有过错的一方应当赔偿对方因此所受到的损失，双方都有过错的，应当各自承担相应的责任”。第一，乙中小企业公司因本案委托投资关系取得甲金融服务公司的 1094 万美元后，按照双方约定将其作为出资投入丙商业银行并因此取得了丙商业银行的股份。虽然对于该委托关系依法应当确认无效，但就乙中小企业公司认购丙商业银行股份、与其他股东共同发起设立丙商业银行的行为而言，其与其他股东协商一致并经有关主管部门批准，作为股东履行了对公司的出资义务，所获股份亦经合法登记;丙商业银行设立后,乙中小企业公司作为该行的股东一直参与其经营决策至今。其在此认购和持有丙商业银行股份的民事关系中,并不存在违反法律规定等足以导致其行为无效的情况,故对于乙中小企业公司合法持有丙商业银行股份的事实依法应予确认。第二,本案所涉丙商业银行的股份,是乙中小企业公司基于其与其他股东的发起人协议而取得,该公司依据本案有关合同所取得的财产是甲金融服务公司所支付的 1094 万美元。根据《合同法》的上述规定,本案有关合同被确认无效后,乙中小企业公司应当将该 1094 万美元返还给甲金融服务公司。该项财产作为金钱,不存在法律上不能返还或不必要返还的问题,亦不存在《合同法》第 58 条所指的"折价补偿"的可能。甲金融服务公司关于乙中小企业公司应当返还丙商业银行的股权或者按照丙商业银行的净资产值折价予以补偿的主张,缺乏事实和法律根据,法院不予支持。

根据《合同法》第 58 条的规定,因无效合同所形成的损失,应当由当事人根据其过错承担相应的赔偿责任。本案中,案涉合同的履行及其被确认无效,并未给双方当事人造成实际损失,相反,乙中小企业公司成为丙商业银行的合法股东后,因股份价值增值、享受赠送股和分配红利而获得利益。虽然该部分增值利益系基于股东身份所产生,并且本案双方之间的委托关系被确认无效,但是,合同无效的法律后果只是依法对于委托关系的内容即双方关于由甲金融服务公司享有丙商业银行股东地位和权利的约定不予认可,而当时认购股份的资金确由甲金融服务公司所支付的事实是客观存在的,甲金融服务公司的实际出资行为与该部分利益的产生具有客观实在的关联。根据公平原则和上述法律规定的基本精神,在承认乙中小企业公司享有丙商业银行该部分股权的同时,应判令该公司向甲金融服务公司支付合理数额的补偿金。根据本案实际情况,该部分补偿金应当以乙中小企业公司持有的讼争股份市值及其全部红利之和的 40% 确定。原审仅以乙中小企业公司实际取得的红利为标准确定该公司应当向甲金融服务公司支付补偿金的数额,有悖本案实际情况和公平原则,应当予以纠正。

基于上述,二审最高人民法院根据 2007 年《民事诉讼法》第 153 条第 1

款第 1 项、第 2 项的规定，判决：(1)维持北京市高级人民法院(2001)高经初字第 341 号民事判决主文第 1 项、第 2 项、第 4 项，撤销该判决主文第 3 项；(2)乙中小企业公司于收到本判决之次日起 30 日内，向甲金融服务公司支付补偿金(补偿金具体数额为：就讼争 737,101,904 股丙商业银行的股份按本判决之日前 20 个交易日的平均收盘价所计算的股份市值的价款，与该部分股份已产生的 594,910,597.4 元人民币分红的 40% 的价款之和)。

焦点问题评析

(一)委托持股关系的认定问题

关于本案双方法律关系认定，北京市高级人民法院以及最高人民法院裁判思路一致。尽管双方当事人先后签订了《委托书》和《补充委托书》又签订了《借款协议》，法院最终根据双方的往来函件内容以及案涉相关合同的实际履行情况，认定双方的真实意思表示是委托持股，而非借贷。

由此可见，司法实践中，人民法院在审理案件时，不是依据双方当事人的表面合同关系审查双方的法律关系性质，而是根据双方当事人的缔约本意、订立合同的目的等因素认定案件真实的法律关系性质，以此确定双方当事人的权利义务性质和内容。

关于股权代持法律关系认定的案例分析，具体请参见本书第二章。

(二)境外金融机构代持境内金融机构股权的效力

关于本案代持关系的效力，北京市高级人民法院以及最高人民法院裁判思路一致。法院认为甲金融服务公司作为香港特别行政区的金融机构，其委托内地企业投资入股内地金融机构的行为违反了内地金融管理制度的强制性规定，协议双方正是为了规避相关规定，采取“委托投资”的方式使甲金融服务公司的投资行为表面上合法化，双方的行为属于“以合法形式掩盖非法目的”，相应代持协议应认定为无效。

值得注意的是，《合同法》第 52 条“以合法形式掩盖非法目的”的法律行为无效条款已被《民法总则》及《民法典》删除，但《民法总则》及《民法典》相应增加了“虚假意思表示”的规定[①]。

此外，虽然本案裁判所依据的《境外金融机构投资入股中资金融机构管理办法》已于2018年8月废止，但查处违法违规代持银行股份，近年来一直是监管部门规范银行业的重点工作之一。2018年银监会《商业银行股权管理暂行办法》第10条第2款规定：“商业银行股东应当使用自有资金入股商业银行，且确保资金来源合法，不得以委托资金、债务资金等非自有资金入股，法律法规另有规定的除外。”第12条第1款规定：“商业银行股东不得委托他人或接受他人委托持有商业银行股权。”实际上，如情节严重，名义股东还可能被监管部门采取相应的行政监管措施，如责令转让股权、限制参与经营管理的相关权利等。2021年，在国务院新闻办公室（以下简称国新办）就银行业保险业2020年改革发展情况举行的新闻发布会上，中国银行保险监督管理委员会（以下简称银保监会）相关领导再次强调，严厉整治股权代持、通过不当关联交易输送利益等违法违规行为。[②]

基于司法通常尊重行政监管的基本原则，司法与行政监管也保持一定的协调关系。因此，委托他人代持商业银行股权在民事上较大可能不被法院认可。例如，在（2019）最高法民再99号案中，最高人民法院指出：《商业银行股权管理暂行办法》（中国银行业监督管理委员会令2018年第1号）虽系部门规章，但其中第10条、第12条明确对商业银行的股权代持行为予以了否定。该规定要求商业银行股东不得委托他人或接受他人委托持有商业银行股权。对于商业银行股权代持行为，人民法院亦不应肯定和支持。这也提示我们，在处理相关股权代持纠纷案件中，必须关注国家的金融监管秩序及相关规定，这样司法裁判的预期结果与行政监管的导向才可能互相

---

① 《民法典》第146条规定：“行为人与相对人以虚假的意思表示实施的民事法律行为无效。以虚假的意思表示隐藏的民事法律行为的效力，依照有关法律规定处理。”

② 据报道，2020年，银保监会严厉整治股权代持、股东直接干预公司经营和通过不当关联交易进行利益输送的违法违规行为，排查了4600家法人机构，查处了股权违规问题3000多个，分两批次向社会公开违法违规情节严重、社会影响特别恶劣的47家银行保险机构股东名单，稳妥开展高风险机构违规股东股权清理，有序清退问题股东。报道来源：https://finance.sina.com.cn/roll/2021-01-22/doc-ikftssan9640834.shtml。

衔接。

(三)关于委托持股协议无效后财产利益的分配

关于本案代持关系无效的法律后果,北京市高级人民法院以及最高人民法院裁判思路并不完全一致。北京市高级人民法院认为,相关协议及代持关系无效后,丙商业银行股权归乙中小企业公司享有,乙中小企业公司应当将甲金融服务公司支付的投资本金及分红返还甲金融服务公司。最高人民法院同样认为,丙商业银行股权应当归乙中小企业公司享有,但同时认为,丙商业银行股权产生的巨额收益与甲金融服务公司的实际出资行为具有客观实在的关系。因此,最高人民法院根据公平原则和合同法的基本精神,除判令乙中小企业公司向甲金融服务公司返还本金外,还判令乙中小企业公司向甲金融服务公司支付赔偿金,该赔偿金应当以乙中小企业公司持有的讼争股份市值及其全部红利之和的40%确定。有观点认为,本案的裁判思路,打破了合同法上对于违法无效合同不当得利返还“全有或全无”的一般规则,按比例分配增值利益体现了法院审判的审慎与公平。[①]

值得注意的是,对于该案,最高人民法院还曾考虑过按照“合同无效、收益罚没”方式处理,但因增值利益巨大、没收较难实施而作罢。其后的(2017)最高法民终529号案、(2017)最高法民申2454号案延续了本案的思路,认为应当按照公平原则就增值利益在隐名出资人和显名股东之间进行适当分配。

当然,在委托持股协议被认定无效后,争议股权及其收益具体按照何种比例进行分配,法院可能根据个案情况酌情确定。例如,在(2019)沪74民初585号案中,上海金融法院认为应根据对投资收益的贡献程度以及对投资风险的承受程度等情形,即“谁投资,谁收益”与“收益与风险相一致”进行合理分配,判决股票出售、拍卖、变卖所得款项优先支付实际出资人投资款,超出部分(包括红利等增值部分)70%归实际出资人所有,30%归名义股东

---

① 参见吴至诚:《违法无效合同不当得利返还的比例分担——以股权代持为中心》,载《中外法学》2021年第3期。

所有。

在实际经济生活中，对于价值较大的投资标的，虽然相关交易协议可能存在效力瑕疵，但如果产生了收益或增值，则需要对该收益或增值进行合理分割。因为，双方当事人在此类交易中毕竟都存在法律上可以责难的地方，都属于过错方，如果将收益或增值仅仅归属于一方，显然不符合双方投资的实际情况，不符合公平原则，也有可能鼓励潜在获利方主动起诉要求占有全部收益或增值，相当于违法方可以通过主动违约行为“合法”获得收益或增值。本案中就是名义股东乙中小企业公司主动起诉，明确要求确认法律关系仅为借贷法律关系，且主张仅应退还本息，这显然不应是司法导向所支持的。

本案二审判决由最高人民法院作出，并经审判委员会讨论，从二审立案至判决近十年，既有巨额利益分配之争，亦足见最高人民法院之慎重。本案虽然认定委托持股协议无效的理由主要是境外公司违反了向内地金融机构投资的监管规定，但是，即便是境内机构委托他人代持内地金融机构的股权，也明确违反了监管部门关于金融机构股权管理的规定，存在较大效力风险。

案例二

境外企业委托代持境内保险公司股权的，代持协议应属有效，但委托人不得主张股权权属

——甲基金公司与乙控股集团公司合同纠纷案评析

保险行业作为金融业的一种，属于被国家高度监管的行业。我国对外资保险公司颁布了一系列不同于内资保险公司的规定，如《外资保险公司管理条例》(2001 年发布)等。根据 2021 年修订前的《外资保险公司管理条例实施细则》(2004 年发布)，外资保险公司的外方股东仅限于外国保险公司，对于内资保险公司则允许境外金融机构经批准后投资入股。但如果全部境外股东投资比例占保险公司股份总额 25% 以上时，则需适用外资保险公司管理的有关规定。实践中，部分境外金融机构为规避上述 25% 的持股比例限制，可能委托境内企业代持内资保险公司股权。对于上述违反持股比例限制的股权代持行为的效力应如何认定，实践中不无争议。

裁判要旨

境外企业为规避境外股东持有保险公司比例的限制性规定，将部分境内保险公司的股权委托境内企业代持，相应的委托投资协议有效，但委托人不得据此主张股权权属。(本案的裁判要旨与本章案例 3 的裁判要旨存在实质差异)

争议焦点

1. 境外企业委托境内企业持有保险公司股权的效力如何认定？
2. 委托代持所涉股权的归属如何确定？

3. 名义股东与实际出资人、股权受让人三方间关于交易价款的协议是否可撤销?

案情概要

(一)基本案情

1. 案例索引

案号:(2015)民申字第136号、(2013)民四终字第20号、(2011)高民初字第1706号①

案由:合同纠纷

审理法院:最高人民法院(再审、二审)、北京市高级人民法院(一审)

裁判时间:2015年6月24日(再审)、2014年6月5日(二审)

2. 案件基本事实

甲基金公司系在英属开曼群岛注册成立的公司,作为外资股东持有新华人寿保险公司(以下简称新华人寿)4.5%股份。当时有效的《保险公司管理规定》(中国保险监督管理委员会令2004年第3号,2009年废止)规定,境内非上市保险公司全部境外股东投资比例应当低于保险公司股份总额25%;全部境外股东投资比例占保险公司股份总额25%以上的,适用外资保险公司管理的有关规定。为规避上述规定,2005年,甲基金公司又委托乙控股集团公司代持新华人寿9%的股份。

2010年10月,新华人寿拟增发股份,各股东有权按比例认购。甲基金公司欲在认购期限届满前将代持股份转让,但乙控股集团公司未予配合。同年11月,代持双方及第三人丙公司(以下合称三方)签订了《股份及权益转让协议》,约定将代持股权转让给丙公司。同日,丙公司又分别与甲基金公司、乙控股集团公司签订了《交易价款支付协议》,约定由丙公司向甲基金公司支付交易价款人民币21.6亿元,向乙控股集团公司支付交易价款人民

---

① 本案甲基金公司此后又提起诉讼,要求确认本案中《交易价款支付协议》无效,法院以构成重复起诉为由予以驳回。参见最高人民法院(2018)最高法民终135号民事裁定书。

币 7.02 亿元。

2013 年最高人民法院审理本案时，当时有效的《保险公司股权管理办法》（中国保险监督管理委员会令 2010 年第 6 号）仍有外资持股比例限制的规定。

甲基金公司（一审原告、二审被上诉人）主张：乙控股集团公司违反委托持股协议，利用优势地位迫使甲基金公司同意从《股份及权益转让协议》约定的应全部由其获得的股权转让款中向乙控股集团公司支付交易价款人民币 7.02 亿元，以不正当手段获取了暴利，给甲基金公司造成了巨额的经济损失。甲基金公司要求：变更《股份及权益转让协议》第 3.4 条约定，丙公司应将支付给乙控股集团公司的股权转让款项支付给甲基金公司；撤销乙控股集团公司与丙公司之间依据《股份及权益转让协议》第 3.4.1 条签署的相关协议，乙控股集团公司将其从丙公司取得的人民币 7.02 亿元款项返还给甲基金公司。

乙控股集团公司（一审被告、二审上诉人）主张：系争合同的签署是各方当事人的真实意思表示。甲基金公司作为非系争合同的当事人，根本无权要求撤销或者变更乙控股集团公司与丙公司的合同条款，甲基金公司不具有请求撤销或者变更的主体资格。即使系争合同条款被撤销或变更，根据《合同法》的规定，系争款项也应当由乙控股集团公司返还给该款项的支付人丙公司，而不应返还给与该款项的收付毫无关系的甲基金公司。

（二）法院观点及判决

■ 一审北京市高级人民法院

关于甲基金公司与乙控股集团公司之间是否存在代持新华人寿股份关系及效力问题。甲基金公司与乙控股集团公司签署的《委托投资及托管协议》及《协议书》是双方当事人真实意思表示，且中华人民共和国未禁止境外企业持有境内保险公司股权，只是根据外资股东在境内保险公司持股比例区分企业形态进行分类管理，故双方依约确立的代持股关系不违反合同订立时中华人民共和国法律、法规的强制性规定，不存在《合同法》第 52 条规定的合同无效情形。甲基金公司与乙控股集团公司就涉案 9% 股份存在合法有效的代持股关系，甲基金公司是该股份的实际出资人，享有所有者投资权益；乙控股集团公司作为名义股东依约代甲基金公司行使股权。

关于《股份及权益转让协议》及《交易价款支付协议》效力问题。乙控股集团公司利用自己名义股东及新华人寿增资时限要求的优势地位,迫使甲基金公司在意思表示不真实的情形下签署的《股份及权益转让协议》中针对乙控股集团公司的付款条款,使乙控股集团公司在依据该条款订立的《交易价款支付协议》中获取了本应属于甲基金公司的股权权益,有悖诚实信用、公平原则,甲基金公司有权请求人民法院予以变更、撤销。因此,甲基金公司签约时确系因财产利益面临现实损害而被迫作出违背真意的意思表示,乙控股集团公司、丙公司关于甲基金公司在签署《股份及权益转让协议》时未受到胁迫的抗辩没有事实依据,该人民法院不予采信。同时,由于本案中甲基金公司不真实的意思表示是乙控股集团公司利用其与甲基金公司间代持股关系的优势地位胁迫导致,合同相对方丙公司是否明知甲基金公司受到胁迫方才作出意思表示,不影响甲基金公司行使撤销权。

对于乙控股集团公司、欣鸿公司、宏邦公司、昊盛公司关于甲基金公司并非《交易价款支付协议》当事人,无权行使撤销权的抗辩,该院认为:第一,《交易价款支付协议》是《股份及权益转让协议》的组成部分,是基于《股份及权益转让协议》第3.4条的安排而签订。第二,《交易价款支付协议》所约定的由丙公司向乙控股集团公司支付人民币7.02亿元的价款属于涉案股份转让对价的一部分,该约定直接侵害了甲基金公司作为实际出资人的利益,甲基金公司有权要求予以撤销。第三,丙公司在向中国保险监督管理委员会(已撤销,以下简称保监会)报送涉案股份转让材料时,亦是将《股份及权益转让协议》及包括《交易价款支付协议》在内的支付协议一并报送审批。因此,《交易价款支付协议》是《股份及权益转让协议》的组成部分,甲基金公司是包括《交易价款支付协议》在内的涉案股份转让合同关系当事人,有权对该协议行使撤销权。

综上所述,民事活动应当遵守诚实信用原则,甲基金公司作为本案讼争股权的实际出资人,依法享有所有者权益。乙控股集团公司作为受托人应当忠实履行合同义务。乙控股集团公司利用优势地位,违背诚实信用原则,迫使甲基金公司在意思表示不真实的情形下同意签署《股份及权益转让协议》中针对乙控股集团公司的付款条款，并使乙控股集团公司从依据该条款订立的《交易价款支付协议》中获取了本属于甲基金公司的股权转让收益，损害了甲基金公司的财产权益，不符合诚实守信、公平有序的市场交易秩序。

基于上述，一审北京市高级人民法院依照《合同法》第6条、第54条、第56条、第68条之规定，判决：(1)变更《股份及权益转让协议》第3.4条，丙公司向甲基金公司支付转让新华人寿9%股份及其附属权益的相关款项；(2)撤销《交易价款支付协议》；(3)乙控股集团公司于本判决生效之日起10日内向甲基金公司返还人民币7.02亿元。

■ **二审最高人民法院**

关于《委托投资及托管协议》《协议书》的效力及本案所涉股权的归属。乙控股集团公司主张案涉股权归其享有，理由是其与甲基金公司之间签订的《委托投资及托管协议》《协议书》旨在规避我国上述有关金融管理的规定，系"以合法形式掩盖非法目的"，故应被认定为无效。经查，我国现行的金融法规对于境外公司向境内保险机构投资作了明确的限制性规定。2004年6月15日起施行的《保险公司管理规定》第45条规定："……全部境外股东参股比例应当低于保险公司股份总额的25%。全部境外股东投资比例占保险公司股份总额25%以上的，适用外资保险公司管理的有关规定。境外股东投资上市保险公司的，不受前款规定的限制。"2010年6月10日起施行的《保险公司股权管理办法》第2条规定："本办法所称保险公司，是指经中国保险监督管理委员会(以下简称'中国保监会')批准设立，并依法登记注册的外资股东出资或者持股比例占公司注册资本不足25%的保险公司。"由此可见，尽管我国法律并未禁止境外企业持有境内保险公司股权，但保监会根据监管的需要对于外资股东的持股比例作了限制性的规定，即对于境内非上市保险公司，全部境外股东的投资比例不能超过保险公司股份总额的25%，否则应适用外资保险公司管理的规定。本案中，甲基金公司委托乙控股集团公司的前身亚创公司投资新华人寿，正是由于外资股东投资境内保险公司受到上述投资比例的限制。虽然乙控股集团公司是受甲基金公司的委托投资新华人寿,但乙控股集团公司并未以甲基金公司的名义投资,也未将案涉股权登记在甲基金公司的名下,而是以自己的名义投资并将案涉股权登记在乙控股集团公司的名下,且该投资行为不仅已经获得保监会的批准,乙控股集团公司还以其名义参与了新华人寿的管理,履行了股东的义务并行使了股东的权利。因此不能认为案涉股权归甲基金公司享有,而应认定案涉股权归乙控股集团公司享有。就此而言,甲基金公司委托乙控股集团公司以乙控股集团公司的名义投资新华人寿,与保监会的上述规章并无抵触,自然不能作为"以合法形式掩盖非法目的"的情况而否定双方之间委托投资协议的效力。也就是说,股权归属关系与委托投资关系是两个层面的法律关系,前者因合法的投资行为而形成,后者则因当事人之间的合同行为形成,保监会的上述规章仅仅是对外资股东持股比例所作的限制,而非对当事人之间的委托合同关系进行规制。因此,实际出资人不能以存在合法的委托投资关系为由主张股东地位,受托人也不能以存在持股比例限制为由否定委托投资协议的效力。

因此,尽管当事人约定双方之间的关系是股权代持关系,也不能据此认定双方之间的关系属股权代持关系,而应认定双方之间系委托投资合同关系。一审判决未能区分股权归属关系与委托投资关系,仅以双方签订的《委托投资及托管协议》及《协议书》系双方真实意思表示为由认定上述协议均有效,并据此认定甲基金公司作为案涉股权的实际出资人,享有所有者投资权益,而乙控股集团公司作为名义股东,系依约代甲基金公司行使股权,属法律适用错误,也与乙控股集团公司一直以股东身份行使股权及相关权益的事实不符,应予纠正。

关于甲基金公司是否有权请求变更丙公司、甲基金公司与乙控股集团公司签订的《股份及权益转让协议》并撤销乙控股集团公司与丙公司所订《交易价款支付协议》。根据2010年《最高人民法院关于审理外商投资企业纠纷案件若干问题的规定(一)》第15条关于"实际投资者请求外商投资企业名义股东依据双方约定履行相应义务的,人民法院应予支持。双方未约定利益分配,实际投资者请求外商投资企业名义股东向其交付从外商投资企业获得的收益的,人民法院应予支持”的规定,虽然本案所涉股权在转让给丙公司之前应归乙控股集团公司享有,但乙控股集团公司对甲基金公司负有合同上的义务,即乙控股集团公司应根据双方所订委托投资协议的约定将因投资所获得的收益返还给甲基金公司。在新华人寿增资扩股的过程中,虽然乙控股集团公司未接受甲基金公司的指示将其所持有的股权及相关权益转让给镇江康飞公司,但以股东身份自行出资认购了新华人寿的新股,因而并不存在相关权益丧失的紧急情况。至于甲基金公司担心乙控股集团公司不依照双方所订委托投资协议将投资所得的收益返还给甲基金公司,并基于此种担心而与乙控股集团公司、丙公司签订《股份及权益转让协议》,系委托投资过程中委托人可能面临的实际问题。由于乙控股集团公司作为受托人已经通过合法的投资行为获得案涉股权,在新华人寿增资扩股过程中自然有权认购新股,并有权转让股权及相关权益。甲基金公司因不是股东而仅对乙控股集团公司享有合同上的权利,故不能以股东的身份行使权利。一审以乙控股集团公司滥用优势地位迫使甲基金公司在意思表示不真实的情形下签订《股份及权益转让协议》,系将甲基金公司面临的被动局面错误地理解为甲基金公司受到胁迫,显属不当,应予纠正。

根据前述《最高人民法院关于审理外商投资企业纠纷案件若干问题的规定(一)》第 15 条的规定,甲基金公司与乙控股集团公司可以在《委托投资及托管协议》及《协议书》中就委托投资所获得利润如何进行分配进行约定,即使没有约定,乙控股集团公司在负有将投资所得收益返还给甲基金公司之义务的同时,也应有权请求甲基金公司支付相关费用并有权获得相应的报酬。本案中,甲基金公司与乙控股集团公司根据新华人寿的建议,采取将乙控股集团公司所持股权转让给丙公司的方式来实现各自的权益,并最终签订了三个合同,即甲基金公司、乙控股集团公司与丙公司签订的《股份及权益转让协议》、甲基金公司与丙公司签订的《权益转让协议》以及乙控股集团公司与丙公司签订的《交易价款支付协议》。上述协议是甲基金公司和乙控股集团公司为了实现各自的收益而与丙公司达成的协议。此前乙控股集团公司未按照甲基金公司的指示将股份转让给镇江康飞公司虽有不当，但不应影响上述协议的效力。甲基金公司并无充分证据证明其在签订上述协议过程中存在胁迫。因此一审判决以甲基金公司受到胁迫为由变更甲基金公司、乙控股集团公司与丙公司所签订的《股份及权益转让协议》并撤销乙控股集团公司与丙公司之间所签订的《交易价款支付协议》，进而判决乙控股集团公司应向甲基金公司返还其所收到的人民币 7.02 亿元款项，系适用法律错误，应予纠正。

基于上述，二审最高人民法院依照 2012 年《民事诉讼法》第 170 条第 1 款第 2 项之规定，最终撤销了一审判决，驳回了甲基金公司的诉讼请求。

■ 再审最高人民法院

本案最高人民法院再审时未改变二审观点，并强调：股权归属关系与委托投资关系是两个层面的法律关系。前者因合法的投资行为而形成，后者则因当事人之间的合同行为形成，保监会的上述规章仅仅是对外资股东持股比例所做的限制，而非对当事人之间的委托合同关系进行限制。因此，实际出资人不能以存在合法的委托投资关系为由主张股东地位，受托人也不能以存在持股比例限制为由否定委托投资协议的效力。本案中，甲基金公司与乙控股集团公司签订的《委托投资及托管协议》《协议书》，不仅包括双方当事人关于委托投资的约定，而且包括当事人之间关于股权归属以及股权托管的约定。根据双方当事人的约定，乙控股集团公司的前身亚创公司系代甲基金公司持有股权而非自己享有股权。虽然上述协议均系双方当事人真实意思表示，但由于股权归属关系应根据合法的投资行为依法律确定，不能由当事人自由约定。因此，尽管当事人约定双方之间的关系是股权代持关系，也不能据此认定双方之间的关系属股权代持关系，而应认定双方之间系委托投资合同关系。因此，甲基金公司关于其与乙控股集团公司系股权代持关系、二审判决在程序上存在明显的超范围审理、二审判决对本案基本法律关系的认定缺乏法律依据的申请再审事由不能成立。

基于上述，最高人民法院依照 2012 年《民事诉讼法》第 204 条第 1 款之规定，驳回了甲基金公司的再审申请。

焦点问题评析

(一)关于境外企业委托境内企业持有保险公司股权的效力问题

关于本案第一项争议焦点,案涉代持关系的效力及代持股权的归属问题,北京市高级人民法院与最高人民法院都认为代持协议有效,但对于股权归属的认定却截然不同。北京市高级人民法院认为,我国并未禁止境外企业持有境内保险公司股权,甲基金公司是该股份的实际出资人,享有所有者投资权益;乙控股集团公司作为名义股东依约代甲基金公司行使股权。最高人民法院认为,相关部门规章只是对外资持股比例进行了限制性规定,超出比例的应适用外资保险公司管理规定,并未禁止境外企业持有境内保险公司股权,本案不属于"以合法形式掩盖非法目的"。在此基础上,最高人民法院进一步区分了对内的委托投资合同关系和对外的股权归属关系,认为保监会的上述限制性规定不影响委托投资协议的效力,但委托人不能依据协议主张股权权属,受托人以自己名义投资股权并经保监会批准的,应认定股权归受托人所有。

司法实践中,类似的案例如(2014)民提字第 217 号案中,最高人民法院也仅确认当事人之间的委托持股合同关系成立,并指出"当事人双方之间存在有效的委托持股合同关系。至于事实上代持了多少股份,则需根据各方实际出资等情况来确定。事实上,李某在本案之前起诉的另一案件中要求确认其股东身份,而在本案中只要求确认其与东方公司之间存在委托持股合同关系。故应支持李要求确认其委托东方公司代持有新国际公司股权的委托持股合同关系成立且有效的诉讼请求"。

值得注意的是,《保险公司股权管理办法》(2010 年)第 8 条规定了"任何单位或者个人不得委托他人或者接受他人委托持有保险公司的股权",但最高人民法院并未引用该条,而只引用了该办法第 2 条关于外资持股比例限制的条款。这或许是因为:第一,本案的代持行为发生在 2005 年,当时《保险公司股权管理办法》(2010 年)尚未颁布,"法不溯及既往"。第二,虽然股权代持行为一直持续,但根据《合同法》第 52 条第 5 项的规定,认定合同无效原则上需"违反法律、行政法规的强制性规定",而上述规定仅为部门规章。

(二)名义股东与实际出资人、股权受让人之间三方交易价款的效力问题

关于本案第二项争议焦点,案涉7.02亿元交易价款支付条款的效力及是否应予撤销《交易价款支付协议》的问题,北京市高级人民法院与最高人民法院的裁判思路截然不同。北京市高级人民法院完全认可了相关代持协议的效力,即相关代持收益应按约定,完全归实际出资人所有。北京市高级人民法院进一步结合新华人寿增资的时限要求、当事人在香港的仲裁纠纷等情况,认定实际出资人受到了胁迫,相应的条款应予撤销、7.02亿元交易价款应返还。

最高人民法院则认为:根据区分原则,合同效力与股权权属应属于不同的法律关系,甲基金公司虽然存在协议依据,但不能当然取得股权及取得股东地位,其仅应对乙控股集团公司享有合同上的权利,不能以股东的身份行使权利,其在新华人寿增资过程中面临的被动局面不应理解为受到胁迫;三方为了实现各自的收益而达成的《股份及权益转让协议》有效,甲基金公司并无充分证据证明其在签订上述协议过程中受到胁迫。由于《股份及权益转让协议》有效,撤销后续的《交易价款支付协议》的理由自然也不能成立。

从对内的委托投资合同关系和对外的股权归属关系两个维度分析股权代持关系,此种裁判思路在最高人民法院内部具有一定的影响力,特别是在代持目标公司股权存在特殊监管要求的情况下。在这一裁判思路下,当事人之间的委托投资合同关系,通常因不涉及第三人利益及社会公共利益而被认定有效;股权归属关系涉及第三人利益及公共利益,在不符合监管要求的情况下,法院通常不予认可。

本案再审后不到3年,最高人民法院关于代持保险公司股权的效力认定发生了重大变化,我们将在本章案例三中做详细介绍、分析。

案例三

代持保险公司股权损害社会公共利益，代持协议无效

——甲实业公司与乙投资公司等营业信托纠纷案评析

早在2010年保监会颁布的《保险公司股权管理办法》中就明确禁止保险公司股权代持。实践中，在保险股权投资日益兴起的情况下，少数社会资本通过股权代持等隐蔽手段投资入股保险公司的情形并不少见。整治保险行业违规代持、超比例持股，也一直是监管部门的工作重点之一。但由于《保险公司股权管理办法》仅为部门规章，在民事案件中，一般认为，违反规章并不必然导致合同无效。然而，在金融监管从严的背景下，这一情况正在发生变化。

裁判要旨

代持保险公司股权，明显违反了《保险公司股权管理办法》关于禁止代持保险公司股权的规定，损害社会公共利益，代持协议无效。

争议焦点

1. 存在明确的书面代持协议，能否直接认定委托持股关系？

2. 关于保险公司股权代持的效力如何认定？

案情概要

(一)基本案情

1. 案例索引

案号:(2017)最高法民终 529 号、(2015)闽民初字第 129 号

案由:营业信托纠纷

审理法院:最高人民法院(二审)、福建省高级人民法院(一审)

裁判时间:2018 年 3 月 4 日(二审)

2. 案件基本事实

甲实业公司原持有正德人寿保险公司 20% 的股份,为规避当时有效的《保险公司股权管理办法》(2010 年)对于保险公司单个股东持股比例通常不得超过 20% 的规定①,2011 年甲实业公司以签订《信托持股协议》的方式委托乙投资公司另外代持正德人寿保险公司的部分股权(2 亿股)。2012 年 12 月,乙投资公司在收到两案外人汇来的 2 亿元款项后作为出资款投入正德人寿保险公司。当月,保监会批准正德人寿保险公司各股东同比例增资,乙投资公司增资至 4 亿股。

2014 年,甲实业公司向乙投资公司发出《关于终止信托的通知》,并要求将代持的 4 亿股份过户至甲实业公司名下,双方由此引发纠纷。2015 年,乙投资公司向两案外人归还了 2 亿元款项。本案一审期间,君康人寿公司(正德人寿保险公司)持股 50.88% 的大股东发函表示知悉代持事宜并同意受托股份的显名。

值得注意的是,《保险公司股权管理办法》(2010 年)第 8 条还规定,“任何单位或者个人不得委托他人或者接受他人委托持有保险公司的股权”。该《保险公司股权管理办法》(2010 年)虽被中华人民共和国保监会令〔2014〕4 号、〔2018〕5 号规定相继替代,但禁止代持保险公司股权的条款在

---

① 《保险公司股权管理办法》(2010 年)(已修订)第 4 条规定:“保险公司单个股东(包括关联方)出资或者持股比例不得超过保险公司注册资本的 20%。中国保监会根据坚持战略投资、优化治理结构、避免同业竞争、维护稳健发展的原则,对于满足本办法第十五条规定的主要股东,经批准,其持股比例不受前款规定的限制。”

此后的新规中一直保留。

甲实业公司(一审原告、二审被上诉人)主张:《保险公司股权管理办法》属于部门规章,该部门规章不能作为否定合同效力的依据,股权代持协议应当有效。甲实业公司诉请确认双方签订的《信托持股协议》已于 2014 年 10 月 30 日终止;乙投资公司将其受托代持的君康人寿公司股份立即过户给甲实业公司,并办理相关的股份过户手续;君康人寿公司将甲实业公司显名持有案涉股份的事项记载于股东名册、公司章程,并配合办理股份变更工商登记。

乙投资公司(一审被告、二审上诉人)主张:首先,《信托持股协议》因违反了《信托法》《保险公司股权管理办法》等禁止性规定而自始无效。其次,甲实业公司不能证明系其安排代付方支付了相应的增资款。最后,法院无权代替行政部门对于系争股份能否过户予甲实业公司直接作出认定。

(二)法院观点及判决

■ 一审福建省高级人民法院

关于本案《信托持股协议》的效力问题。一审法院认为:首先,《信托持股协议》系当事人真实意思表示,且甲实业公司和乙投资公司在其后的往来函件中,均确认了该协议的存在且未对该协议的真实性提出异议。其次,《信托持股协议》未违反法律法规禁止性规定。从《信托持股协议》约定的内容上看,受托人乙投资公司接受委托人甲实业公司的委托,代持正德人寿保险股份有限公司 2 亿股的股份(占 20%),该约定内容,并未违反法律禁止性规定,应为有效合同。

关于甲实业公司是不是本案讼争股权的实际持股人问题。一审法院认为,从上述《信托持股协议》的约定、《催告函》的内容以及乙投资公司直接发函向甲实业公司索要资料的情况可以看出,乙投资公司和案外人均非该2 亿元增资股份的实际持股人。该增资及代持增资后的股份系甲实业公司的行为。甲实业公司系该 2 亿元增资股份的实际持股人。综上,甲实业公司系讼争全部 4 亿股股份的实际持股人。

关于讼争的股权是否能够过户给甲实业公司的问题。一审法院认为,如前所述,《信托持股协议》合法有效。实际履行过程中,乙投资公司先后代持甲实业公司作为实际持股人的讼争全部4亿股股份。《信托持股协议》第4.1条约定:"信托自信托股份交付开始,至委托人通知受托人终止信托时或者通知受托人对信托股份做出处置而致使受托人不再持有信托股份时结束。"第4.2条约定:"收到委托人终止信托的通知之后,受托人应当无条件尽快办理股份过户给委托人或委托人指定的第三人的手续。"2014年10月30日,甲实业公司已向乙投资公司发出《关于终止信托的通知》,依约要求乙投资公司终止信托,将信托股份过户到甲实业公司名下。作为君康人寿公司大股东的宁波市鄞州鸿发实业有限公司(2016年度其持股比例50.88%),在向甲实业公司发出的《关于对信托持股事项的确认及同意显名的函》中亦同意本案讼争的受托股份的显名,故讼争的股权过户有合同依据和法律依据。

基于上述,福建省高级人民法院一审支持了原告的全部诉讼请求,依照《合同法》第52条、2014年《公司法司法解释(三)》第24条规定,判决:(1)甲实业公司和乙投资公司签订的《信托持股协议》于2014年10月30日解除;(2)乙投资公司将其受托持有的4亿股君康人寿公司股份于判决生效之日起10日内过户给甲实业公司,并配合办理相关的股份过户手续;(3)君康人寿公司将甲实业公司显名持有上述4亿股君康人寿公司股份的事项记载于股东名册、公司章程,并配合办理股份变更工商登记。

■ 二审最高人民法院

1. 关于甲实业公司与乙投资公司之间是否存在讼争君康人寿公司4亿股股份的委托持有关系。最高人民法院认为,即使乙投资公司在一审庭审时承认持有讼争4亿股股份均系根据甲实业公司安排,但由于甲实业公司、乙投资公司的讼争事项,涉及泰孚公司等第三人的重大利益,且泰孚公司已明确提出参加本案诉讼的申请,在甲实业公司未提供证据证明相关第三人是根据其安排向乙投资公司转让股份或汇入资金的情况下,本案尚不能认定甲实业公司、乙投资公司之间确实存在讼争君康人寿公司4亿股股份的委托持有关系。

2. 关于甲实业公司、乙投资公司之间的《信托持股协议》效力应如何认定，甲实业公司要求将讼争4亿股股份过户至其名下的诉讼请求能否得到支持。最高人民法院认为，甲实业公司、乙投资公司签订的《信托持股协议》内容，明显违反保监会制定的2014年《保险公司股权管理办法》第8条关于“任何单位或者个人不得委托他人或者接受他人委托持有保险公司的股权”的规定，对该《信托持股协议》的效力审查，应从2014年《保险公司股权管理办法》禁止代持保险公司股权规定的规范目的、内容实质，以及实践中允许代持保险公司股权可能出现的危害后果进行综合分析认定。首先，从《保险公司股权管理办法》禁止代持保险公司股权的制定依据和目的来看，尽管《保险公司股权管理办法》在法律规范的效力位阶上属于部门规章，并非法律、行政法规，但保监会是依据2015年《保险法》第134条关于“国务院保险监督管理机构依照法律、行政法规制定并发布有关保险业监督管理的规章”的明确授权，为保持保险公司经营稳定，保护投资人和被保险人的合法权益，加强保险公司股权监管而制定。据此可以看出，该管理办法关于禁止代持保险公司股权的规定与2015年《保险法》的立法目的一致，都是为了加强对保险业的监督管理，维护社会经济秩序和社会公共利益，促进保险事业的健康发展。其次，从2014年《保险公司股权管理办法》禁止代持保险公司股权规定的内容来看，该规定系保监会在本部门的职责权限范围内，根据加强保险业监督管理的实际需要具体制定，该内容不与更高层级的相关法律、行政法规的规定相抵触，也未与具有同层级效力的其他规范相冲突，同时其制定和发布亦未违反法定程序。因此，2014年《保险公司股权管理办法》关于禁止代持保险公司股权的规定具有实质上的正当性与合法性。最后，从代持保险公司股权的危害后果来看，若允许隐名持有保险公司股权，将使真正的保险公司投资人游离于国家有关职能部门的监管之外，如此势必加大保险公司的经营风险，妨害保险行业的健康有序发展。加之由于保险行业涉及众多不特定被保险人的切身利益，保险公司这种潜在的经营风险在一定情况下还将危及金融秩序和社会稳定，进而直接损害社会公共利益。综上可见，违反保监会2014年《保险公司股权管理办法》有关禁止代持保险公司股权规定的行为,在一定程度上具有与直接违反2015年《保险法》等法律、行政法规一样的法律后果,同时还将出现破坏国家金融管理秩序、损害包括众多保险法律关系主体在内的社会公共利益的危害后果。《合同法》第52条规定,"有下列情形之一的,合同无效:(一)一方以欺诈、胁迫的手段订立合同,损害国家利益;(二)恶意串通,损害国家、集体或者第三人利益;(三)以合法形式掩盖非法目的;(四)损害社会公共利益;(五)违反法律、行政法规的强制性规定"。故依照《合同法》第52条第4项等规定,本案甲实业公司、乙投资公司之间签订的《信托持股协议》应认定为无效。甲实业公司依据该《信托持股协议》要求将讼争4亿股股份过户至其名下的诉讼请求依法不能得到支持。

基于上述,二审最高人民法院依照2012年《民事诉讼法》第170条第1款第2项、第3项规定,裁定撤销原判,发回重审。

焦点问题评析

(一)存在明确的书面代持协议,能否直接认定委托持股关系

关于本案第一项争议焦点,福建省高级人民法院与最高人民法院的认定并不一致。福建省高级人民法院结合双方之间的《信托持股协议》《催告函》等往来文件,认定了甲实业公司系讼争股份的实际出资人。最高人民法院则以代持涉及第三人重要利益、甲实业公司未能证明相关第三人是根据其安排向乙投资公司转让股份或汇入资金为由,认为尚不能认定双方之间存在委托持有关系。事实上,对于股权代持关系的认定而言,实际出资人仅有代持协议还无法高枕无忧,出资款项由谁支付也至关重要(具体请见本书第二章"股权代持法律关系的认定")。

(二)关于保险公司股权代持的效力认定问题

关于本案第二项争议焦点,最高人民法院也改变了一审法院及其以往关于代持保险公司股权效力认定的裁判思路(如本章节案例2)。本案一审福建省高级人民法院仍以代持协议系双方真实意思表示、未违反法律的禁

止性规定为由认定其有效。这也是该案二审判决前各地法院的普遍做法[①]，一般法院的审理思路是部门规章不作为否定合同效力的依据。但是，即便司法认定代持协议有效，其在后续履行过程中仍可能面临实际困境。就程序上而言，保险公司的股权变更需经保监会批准或者备案；就实体规则而言，保监会也明确禁止股权代持，并多次发文要求强化股权监管，治理违规代持、超比例持股乱象[②]。民商事审判与行政监管之间的龃龉无可避免。

特别是，本案二审期间，针对案涉代持事宜，保监会作出了保监许可〔2018〕153号撤销行政许可决定书，撤销此前同意乙投资公司增资的许可，并责令委托他人代持的甲实业公司转出其持有的保险公司股权（上诉人作为证据在二审期间提交[③]）。为此，最高人民法院在审理过程中曾专门组织专家学者及相关监管部门召开论证会。最终，二审判决从《保险公司股权管理办法》禁止代持保险公司股权规定的规范目的、内容实质，以及实践中允许代持保险公司股权可能出现的危害后果进行综合分析，认定虽然规范文件仅为部门规章，但也系法律授权制定，代表了国家对金融领域的监管秩序，进而适用《合同法》第52条第4项“损害社会公共利益”认定代持协议无效。

关于保险公司股权代持，最高人民法院裁判规则经历了从（2015）民申字136号案区分内外关系、区分合同效力及股权权属两个维度进行认定，到本案直接认定代持协议无效的变化。我们理解，这一变化与保险业等金融领域近年来的强监管态势、防范系统风险等监管导向密不可分。针对保险业出现的违规代持、超比例持股的乱象，现行有效的《保险公司股权管理办法》（保监会令〔2018〕5号）不仅明确规定禁止代持保险公司股权，还进一步

---

① 如江苏省高级人民法院在“上海保培投资有限公司与雨润控股集团有限公司与公司有关的纠纷案”［（2017）苏民终66号］中，二审判决书认为保险股权代持协议“是双方真实意思的反映”故而有效。

② 参见《中国保监会关于进一步加强保险公司股权信息披露有关事项的通知》（保监发〔2016〕62号）。

③ 本案二审宣判后的2019年1月29日，北京市第一中级人民法院作出（2018）京01行初1165号行政判决书，以银保监会违反法定程序为由撤销了保监许可〔2018〕153号中对乙投资公司的处理决定。

规定，有代持保险公司股权记录的投资者不得成为保险公司股东。因此，有学者认为本案的裁判思路源于穿透式监管理念。[①]

本案由最高人民法院当庭宣判，对处理类似案件具有重要借鉴意义，本案也成为最高人民法院在处理金融等特殊领域股权代持纠纷的转折性和标志性案例，判决一经公布，旋即引发金融市场广泛关注。一年后，《九民会议纪要》第31条也明确规定："违反规章一般情况下不影响合同效力，但该规章的内容涉及金融安全、市场秩序、国家宏观政策等公序良俗的，应当认定合同无效。人民法院在认定规章是否涉及公序良俗时，要在考察规范对象基础上，兼顾监管强度、交易安全保护以及社会影响等方面进行慎重考量，并在裁判文书中进行充分说理。"至此，可以预见，对于规章明确禁止股权代持的领域（如银行、证券公司、保险公司等），当事人之间的股权代持协议的效力面临较大挑战。

① 李志刚整理：《金融监管行政规章与商事合同效力——评福建伟杰公司、福州天策公司、君康人寿保险公司营业信托纠纷案》，载陈洁主编：《商法界论集》，法律出版社2018年版，第170页。

案例四

代持已上市公司的股份有效，委托人可据此要求交付股票

——陈某与王某股权转让合同纠纷案评析

与商业银行、保险公司的股权代持不同，监管部门的规章并未一律禁止上市公司股份代持。但监管实践中，中国证券监督管理委员会（以下简称证监会）通常要求上市公司股权应当清晰，尤其是对于拟上市公司，还将其“不存在重大权属纠纷”作为上市的一个条件。司法实践中，即便是最高人民法院，在不同案件中对上市公司股权代持效力的认定也存在差异。对此，我们根据相关监管规定的差异并结合实务经验，区分已上市公司股权代持和拟上市公司股权代持两种类型案件，分别进行探讨分析。

裁判要旨

委托人与受托人之间关于上市公司股份的代持关系（持股比例为5%以下），在实际交付前，既不会引起记名股东身份及上市公司股份关系的变化，也不会免除记名股东作为上市公司股东所应承担的责任，应属有效；委托人可以据此要求受托人交付股票。

争议焦点

1. 记名股东就其持有的部分股份数额、每股单价、股份总价等向相对人作出承诺，并明确在限售期满后，该股份由相对人继续持有还是进行交易，由相对人安排，该等安排是否存在股权代持关系？

2. 记名股东在限售期内与相对人之间关于上市公司股份转让及代持的

约定是否有效?

3. 实际出资人能否直接要求记名股东交付股份有限公司的股票?

案情概要

(一)基本案情

1. 案例索引

案号:(2017)最高法民申 5055 号、(2017)湘民终 104 号

案由:股权转让合同纠纷

审理法院:最高人民法院(再审)、湖南省高级人民法院(二审)

裁判时间:2017 年 12 月 28 日(再审)、2017 年 4 月 17 日(二审)

2. 案件基本事实

陈某为上市公司大康公司的大股东、董事长。2013 年 6 月,陈某将其名下大康公司 500 万股股票(约占总股本的 2%)①转让给王某。2013 年 8 月,陈某向王某出具《承诺书》,承诺限售期满后相应股票由陈某继续代持还是进行交易,由王某进行安排。限售期满后,王某要求解除代持,并要求陈某将代持股票过户登记至王某名下。双方由此发生争议。

王某(一审原告、二审被上诉人、再审被申请人)主张:《承诺书》约定了转让标的、数量、价格、价款支付等,是一份完整的股权转让协议,陈某作为原始股东,其所持有的股票在解禁期不能交易,由王某委托陈某代为持有;该《承诺书》不违背法律禁止性规定,应属有效。

陈某(一审被告、二审上诉人、再审申请人)主张:(1)双方之间不存在股权转让关系。①《承诺书》仅为双方当事人就代持股份事宜达成的意向性约定。②王某并未提交向陈某支付 500 万股股份对价的证据。③陈某向王某提供大康公司账户的行为不能证明王某系按陈某的指令支付股权转让款。(2)《承诺书》签订时,大康公司已为上市的股份有限公司,代持行为违反《公

---

① 经查大康农业(原大康牧业)2013 年半年度报告,其股份总数为 246,720,000 股,王某转让给陈某的 500 万股股票占比约为 2%。

司法》第138条[①]及《证券法》第39条[②]的规定，且损害社会公共利益，应属无效行为。

二审时，大康公司申请参加诉讼，其主张：(1)大康公司经初步核查没有湖南大康实业投资有限公司向其支付4000万元的转账记录。(2)《承诺书》是陈某的单方声明，不能视为股权交易行为。(3)关于代持行为，因《公司法》规定，要想让王某成为股东必须得到过半数以上股东同意，而且上市公司要求信息公开、股东名册公开，不能够存在代持行为，故《承诺书》本身无效。

(二)法院观点及判决

■　二审湖南省高级人民法院

关于王某与陈某之间是否存在股份转让及代持关系。因该《承诺书》系陈某亲自书写，且陈某在本案中没有提交任何证据证明该《承诺书》虚假或系被胁迫书写，因此该《承诺书》系其真实意思表示。在《承诺书》签订后，王某按照陈某的指示在《承诺书》约定的时间内将4000万元支付至陈某指定的大康公司账户，剩余635万元款项亦在《承诺书》约定的时间内以抵扣方式付清。故王某方已经实际履行了双方的股份转让及代持协议。虽然王某将4000万元股权转让款支付至大康公司账户，但该账户系陈某在手机短信中所指定的账户，陈某不能以此否认其收到相关股份转让款的基本事实。因此，王某提交的系列证据已经形成证据链，能够证明陈某与王某之间存在股份转让、代持关系。

关于本案《承诺书》的效力。陈某在《承诺书》中承诺将500万股以每股9.27元的价格转让给王某，在陈某的股票解禁后，由王某安排继续持股或者交易。故从该《承诺书》的内容来看，双方既有股份转让关系，又有股份代持关系。陈某向王某转让部分股份系对自己财产权利的处分，不具有《合同

---

① 《公司法》(2013年修正)第138条规定："股东转让其股份，应当在依法设立的证券交易场所进行或者按照国务院规定的其他方式进行。"

② 《证券法》(2014年修正)第39条规定："依法公开发行的股票、公司债券及其他证券，应当在依法设立的证券交易所上市交易或者在国务院批准的其他证券交易场所转让。"

法》第52条规定的无效情形，属于有效合同。虽然《公司法》第138条规定"股东转让其股份，应当在依法设立的证券交易场所进行或者按照国务院规定的其他方式进行"，但该条款要求办理股份变动手续应当在规定场所完成，不影响本案股份转让合同的效力。根据证监会和上海与深圳交易所的规定，上市公司股东转让股份，既可以通过集中竞价交易方式进行，也可以通过协议方式转让，案涉股份转让协议不违反前述规定。至于股份代持协议的效力问题，2014年《公司法司法解释（三）》第24条第1款规定："有限责任公司的实际出资人与名义出资人订立合同，约定由实际出资人出资并享有投资权益，以名义出资人为名义股东，实际出资人与名义股东对该合同效力发生争议的，如无合同法第五十二条规定的情形，人民法院应当认定该合同有效。"该款明确规定有限责任公司股权代持协议的法律效力。大康公司虽然是上市股份有限公司，但从法理上讲，《公司法》和其他法律、法规并未明文规定禁止该类公司股份代持，更未宣告该类代持协议无效，故参照前述司法解释的法律精神，本案股份代持协议应为有效协议。此外，《公司法》中关于股权转让应当经过股东过半数同意针对的是有限责任公司，大康公司作为股份有限公司，其股份的转让不受此限制。故陈某及大康公司在本案中提出的《承诺书》无效的主张没有法律依据，法院依法予以驳回。

基于上述，二审法院依照2012年《民事诉讼法》第170条第1款第1项规定，判决驳回上诉，维持原判。

■ **再审最高人民法院**

关于王某与陈某之间是否存在股权转让关系。股权转让是股东之间或者股东向股东以外的人转让股权的行为。在股权转让关系中，投资者通过购买目标公司的股份，取得目标公司的股权，并依据公司章程或法律规定享有股东权利、承担股东义务。投资者既可基于工商登记成为在册股东，亦可基于股份代持协议委托他人代为持有目标公司股份。就本案而言，陈某认可《承诺书》由其出具，并认可其在《承诺书》签订期间持有大康公司的股份，当时，该部分股份尚在限售期内。从《承诺书》的内容看，虽没有股权转让字样，但在该《承诺书》中，陈某围绕股份数额、每股单价、股份总价等向王某作出承诺,并明确在限售期满后,该股份由陈某继续持有还是进行交易,由王某安排,其中包含了将其持有的大康公司股份转让给王某的意思表示,也符合股权转让的实质要件。关于陈某提出的款项支付问题,根据原审查明的事实,虽然王某并未直接向陈某支付股权转让款,而是由湖南大康实业投资有限公司进行支付,款项亦未直接支付到陈某的账户,但陈某已明确在《承诺书》中指定大康公司可以收取4000万元款项,湖南大康实业投资有限公司也出具《证明》,证实其向大康公司支付的4000万元系受王某委托支付给陈某购买500万股股份的往来款,且有银行转账凭证佐证。上述事实可相互印证,证实湖南大康实业投资有限公司转给大康公司的4000万元款项即为王某向陈某购买大康公司500万股股份的款项,王某已履行款项支付义务,表明其认可陈某通过《承诺书》方式就股权转让事宜所作安排。在因股权转让而产生的股份代持关系中,转让人与受让人不对代持的股份进行股权登记变更,而仍登记于转让人名下。因此,原审法院认定陈某与王某之间存在股权转让关系,并无不当。

关于《承诺书》是否合法有效。根据《承诺书》的约定,4000万元付至陈某本人或大康公司账上后,承诺生效。王某受让的大康公司股份在限售期满后是由陈某继续代为持有还是进行交易,由王某决定。《承诺书》系陈某对王某作出的单方承诺,王某对该《承诺书》予以认可,并按《承诺书》要求完成了股权转让款的交付义务,表明《承诺书》已经生效,陈某与王某之间实际上形成股权转让与股份代持关系。在此关系下,王某受让的大康公司股份由陈某代持,而股权登记并未发生变更,仍登记在陈某名下。大康公司虽然为上市股份有限公司,《公司法》第138条和《证券法》第39条也对股份有限公司股份、债券的转让和交易作出了限制性规定,但其是对股份有限公司股份、债券转让和交易在履行时具体场所的限定,而非对股权转让与股份代持关系效力的规定。只要股权变更登记等股权转让相关手续是在证券交易所或者国务院批准的其他证券交易场所,并按法律法规规定的方式完成,当事人之间形成的股权转让与股份代持关系便不违反上述法律规定。并且,根据《公司法》第137条的规定,股东持有的股份可以依法转让。结合本案,作为大康公司的股东，陈某依法转让自己持有的大康公司股份，是其对自己权利的正常处分，并不违反法律、行政法规的强制性规定。陈某虽然在限售期内与王某形成股权转让与股份代持关系，但其持有的大康公司股份并未实际交付给王某，股权仍登记在陈某名下。对于股份何时交付或股权何时变更，双方当事人并未约定具体期限，只是约定在限售期满后是由陈某继续代为持有还是进行交易，由王某安排。而且，对于继续代为持有或者交易，当事人已明确应符合证券法规的规定。该股权转让与股份代持关系，既不会引起陈某股东身份及大康公司股权关系的变化，也不会免除陈某作为大康公司股东所应承担的责任，并不违反《公司法》第 138 条和《证券法》第 39 条的相关规定。陈某主张《承诺书》无效，无事实和法律依据。

基于上述，最高人民法院依照 2012 年《民事诉讼法》第 204 条第 1 款、2015 年《民事诉讼法司法解释》第 395 条第 2 款之规定，裁定驳回陈某的再审申请。

焦点问题评析

（一）双方是否存在股权代持关系

关于本案第一项争议焦点，即双方是否存在股权转让关系，湖南省高级人民法院与最高人民法院的认定一致。对此，法院主要从双方之间是否有股权转让合意及是否存在转让款支付事实这两方面进行了审查。第一，从《承诺书》的内容来看，虽然未出现“股权转让”的字样，但陈某对股份数额、每股单价、股份总价等向王某作出了承诺，法院认定其包含了股权转让的意思表示，也符合股权转让的实质要件。并且，最高人民法院在该案中还明确指出，不变更登记的股权代持也是股权转让的一种形式。第二，关于转让款项的支付，两级法院结合陈某已明确在《承诺书》中指定大康公司可以收取 4000 万元款项、湖南大康实业投资有限公司也出具《证明》，且有银行转账凭证佐证等可以相互印证的证据，认定王某已履行了款项支付义务。

（二）双方之间关于已上市公司股权代持的协议是否有效

关于本案第二项争议焦点，即《承诺书》是否有效，湖南省高级人民法院与最高人民法院的认识也无差异。《承诺书》本质为股权代持协议，湖南省高级人民法院认为，《公司法》和其他法律、法规并未明文规定禁止上市公司股份代持，更未宣告该类代持协议无效。最高人民法院进一步指出，《公司法》及《证券法》对股份有限公司股份、债券的转让和交易作出的限制性规定，并非效力性强制性规定。本案股权转让与股份代持关系，既不会引起陈某股东身份及大康公司股权关系的变化，也不会免除陈某作为大康公司股东所应承担的责任，应属有效。

司法实践中，法院认定代持已上市公司股票有效的案例还包括（2013）民申字第 758 号案、（2019）京民终 116 号案、（2019）湘 01 民终 776 号案、（2014）琼民三初字第 3 号案等。从该等案例的裁判理由来看，也主要是认为相关法律法规并未明确禁止上市公司的股权不能代持，且上市公司股权代持并不违反法律、行政法规的效力性强制性规定。

实践中也有法院认为上市公司股权代持违反了股权清晰及信息披露等监管要求，应属无效。例如，在（2018）湘民初 28 号案中，法院认为，“上市公司股权必须清晰，不得隐名代持，否则使上市公司等信息披露要求、关联交易审查、高管人员任职回避等监管举措必然落空，从而损害到广大非特定投资者的合法权益，损害资本市场基本交易秩序和基本交易安全，损害到金融安全和社会稳定，最终损害到社会公共利益”。其他类似的案件如（2019）京民终 1651 号案、（2019）京 01 民终 8423 号案等。

值得注意的是，《证券法》第 80 条明确规定，持有公司 5% 以上股份的股东情况发生变化的，公司应当向国务院证券监督管理机构和证券交易场所报送临时报告，并予公告，说明事件的起因、目前的状态和可能产生的法律后果。本案陈某代持已上市公司的股份仅约 2%，不涉及违反上述监管规定的问题。并且，在（2013）民申字第 758 号案中，最高人民法院虽然强调了该案代持股份的比例已超过 5%（代持的股份占上市公司总股本的6.43%），不符合当时《证券法》第 63 条、第 67 条所规定的信息披露制度，但仍认为其对民事行为的影响仅为不发生物权设立和变动的法律效果，未认定该等代持行为无效，采取的还是区分原则处理思路。

此外,本案接受代持的一方为上市公司大股东、董事长、实际控制人,其在目标公司上市前及上市后与多人存在股权代持关系,与本案相关的判决也均未认定代持协议无效,证监会也未对其进行处罚或采取监管措施。①

(三)实际出资人能否直接要求记名股东交付股份有限公司的股票

由于《公司法》并未要求股份有限公司的股权转让需经股东过半数同意,二审法院及最高人民法院均认可了一审法院的裁判观点,被告陈某应向王某交付大康公司的股票。

但是,由于《证券法》第37条、第38条对于公开发行的证券交易方式存在特殊规定,即应当在证券交易所通过公开方式等进行。也有观点认为,即便上市公司股权代持协议有效,实际出资人也不能要求名义股东交付或返还股票本身,而仅得主张代持股票所对应的财产性权益。

关于已上市公司股权代持行为的效力,学理及实务上争议非常大。② 虽然行内人已有共识,上市公司股权结构需清晰不仅是对拟上市公司的要求,已上市公司也应遵循,但这是否必然导致代持协议无效,值得探讨。对于已上市公司股权代持行为的效力也应结合其是否违反了信息披露要求(代持股的比例是否达到5%)、关联交易审查、高管人员任职回避等制度的情况,兼顾监管强度、交易安全保护以及社会影响等方面进行慎重考量。我们理解,对于上市公司股权代持需要区分具体情况来对待,不能一概而论。在证券领域强监管、防风险的趋势下,如果代持已上市公司的股份超过5%或涉及公司大股东、实际控制人、高级管理人员,该等代持行为在效力方面面临的挑战将增大。

关于隐名股东的"显名化",本书第三章将详细进行分析。

---

① 如陈某、荆某股权转让纠纷案[(2018)最高法民终60号]、孙某、陈某与湖南大康国际农业食品股份有限公司股权转让纠纷案[(2018)湘民终83号]。

② 参见徐佳咏:《上市公司股权代持及其纠纷之处理》,载《中国政法大学学报》2019年第3期。

案例五

代持拟上市公司股权造成监管措施落空及损害社会公共利益应属无效

——杨某、林某股权转让纠纷案评析

证监会对拟上市公司股权清晰存在明确的监管要求，如《首次公开发行股票并上市管理办法》第 13 条明确要求控股股东和受控股股东、实际控制人支配的股东持有的发行人股份不存在重大权属纠纷。监管实践中，发行人股东是否存在代持也是证监会要求核查的重点。但是，代持拟上市公司的股权是否必然无效？

裁判要旨

代持拟上市公司股权，会使上市公司信息披露要求、关联交易审查、高管人员任职回避等监管措施落空，损害到社会公共利益的，应属无效。

争议焦点

1. 隐名股东与实际出资人对于代持股权的占总股本的比例及其数量无法对应时应如何认定？

2. 关于代持拟上市公司股权协议的效力如何认定？

3. 实际出资人请求上市公司股权过户的主张能否得到支持？

案情概要

（一）基本案情

1. 案例索引

案号：（2017）最高法民申 2454 号、（2016）苏民终 1031 号

案由：股权转让纠纷

审理法院：最高人民法院（再审）、江苏省高级人民法院（二审）

裁判时间：2018 年 3 月 21 日（再审）、2017 年 4 月 24 日（二审）

2. 案件基本事实

杨某与林某于亚玛顿公司上市前签署《委托投资协议书》等协议（以下简称诉争协议），约定由林某代杨某持有亚玛顿公司的股权，在亚玛顿公司上市后，该股权继续由林某代持。后杨某要求确认股权，并办理变更登记手续，双方由此发生争议。

杨某（一审原告、二审上诉人、再审申请人）主张：（1）双方签订的 2010 年 10 月 25 日的《委托投资协议书》以及 2010 年 10 月 19 日的《协议书》依法成立、有效。（2）本案诉争合同标的数量是 1200 万股亚玛顿公司股份，而非 120 万股。

林某（一审被告、二审被上诉人、再审被申请人）主张：（1）协议签署时至亚玛顿公司上市前，亚玛顿公司的总股份数一直为 1.2 亿股，总股本 1% 对应的股份数为 120 万股。《委托投资协议书》项下的标的数量以“总股本 1%”进行确定更符合股权投资现状、交易惯例、生活经验及公平合理原则。（2）《委托投资协议书》是典型的委托代理合同。该合同未成立，即使成立也属无效合同，且双方均未实际履行各自的义务。

（二）法院观点及判决

■ 二审江苏省高级人民法院

双方之间应当认定为股权转让关系。因为《协议书》中明确约定“杨某透过本协议拟有条件的受让林某在亚玛顿公司的部分股权，成为附属于林某名下的隐名股东”，而双方其后签订的《委托投资协议书》应视为对《协议书》所涉内容的延续。其中也未约定废止双方在《协议书》中关于股权转让

的约定,且《委托投资协议书》第2条约定的林某受杨某委托,将杨某以现金方式出资的1200万元,以林某名义投资收购亚玛顿公司的股权,以谋求在亚玛顿公司投资所实现的资本增值,林某承诺以杨某的出资额代杨某投资并持有亚玛顿公司总股本1%(1200万股)的股权的内容,与《协议书》中股权转让的内容亦不冲突。从蒋某姿就其和林某签订于2010年10月22日的《委托投资协议书》接受法院调查时所作陈述可见,蒋某姿亦认为其通过和林某签订上述协议并支付1200万元的方式取得了亚玛顿公司股东的身份,每年领取分红,且可以支配股票的出售。该份《委托投资协议书》系林某作为己方证据提交,林某虽否认其和蒋某姿之间是股权转让关系,但认可每年均向蒋某姿支付款项,而对于付款原因却未能作出合理解释,林某应就此承担不利后果。综合上述情况,法院对林某提出的其和杨某之间是委托代理投资关系的主张,不予采信。

上述协议应当认定为有效。2005年修订的《公司法》第142条第1款规定:"发起人持有的本公司股份,自公司成立之日起一年内不得转让。公司公开发行股份前已发行的股份,自公司股票在证券交易所上市交易之日起一年内不得转让。"本案中,亚玛顿公司作为股份有限公司,设立于2010年6月29日,林某系发起人之一。2011年10月,亚玛顿公司正式在A股市场公开发行股票。根据上述规定,林某在2012年10月前应不得转让其持有的股份。法院认为,2005年《公司法》上述条款的立法目的在于防范发起人利用公司设立谋取不当利益,并通过转让股份逃避发起人可能承担的法律责任。但对于发起人转让股份行为的效力认定应区分负担行为和处分行为:发起人与他人订立股权转让合同属于负担行为;发起人将股权实际交付给他人或者办理股权变更登记属于处分行为。发起人为将其股份在限售期内转让给他人而预先签订股权转让合同,但未实际交付股份的,不会引起其股东身份以及股权关系的变更,即发起人的法律责任不会因为签订股权转让协议而免除。据此,发起人实施的上述负担行为不宜认定为无效。案涉《协议书》《委托投资协议书》签订时亚玛顿公司尚未上市,虽然亚玛顿公司于2011年10月上市,林某亦作出"自公司股票上市之日起三十六个月内,不转让或者委托他人管理其已直接和间接持有的发行人股份"的承诺,但上述协议中明确约定杨某受让股份后仍由林某代持,且未约定林某实际交付股份或者办理股权变更登记的期限,故上述协议的签订不会必然免除林某作为发起人可能承担的法律责任。案件审理时距亚玛顿公司上市已经五年有余,早已超过了林某承诺的限售期限,且林某名下的股份之前设置的质押已经解除,办理股权变更登记也无法律上的障碍。据此,案涉协议应认定为有效,林某提出的上述协议违反《合同法》第52条的规定应为无效的主张,不能成立。

上述协议项下的股权转让标的数量应为120万股亚玛顿公司股份。2010年10月25日的《委托投资协议书》第2条约定,"林某承诺以杨某的出资额代为杨某投资并持有亚玛顿公司总股本1%(1200万股)的股权"。2010年10月19日的《协议书》亦约定,"杨某受让林某合法持有的目标公司总股本1%(1200万股)的股权"。虽然用括号对之前的内容作进一步解释说明是汉语的语言习惯之一,但本案不应简单依此认定股权交易的数量,而应结合协议的其他条款、交易的价格、交易双方的认知能力、证券交易的特点等进行综合认定。综上,鉴于杨某主张股权转让标的数量为1200万股存在诸多疑点,故其应就此承担举证不能的法律后果。根据本案现有证据并考虑全案案情,应认定案涉股权转让的标的数量为120万股。

关于对杨某的诉请应否支持的问题,法院分述如下:

1.关于杨某要求确认林某名下号码为0199005574的证券账户内的1200万股亚玛顿公司股票及相应红利为其所有的诉请,以及判令林某将亚玛顿公司2011年至2013年度的股票分红421.2万元返还给其本人,并赔偿逾期利息损失的诉请。法院基于对争议焦点1、2的分析认为,应确认林某证券账户内的120万股亚玛顿公司股票及相应分红自2010年10月26日起为杨某所有;林某应向杨某返还2011年至2013年度股票分红33.696万元。故杨某应将上述收益的20%,即8.424万元(42.12万元×20% =8.424万元)支付给林某。两者相抵,林某应向杨某返还2011年至2013年度股票分红为33.696万元。另外,因双方在上述两份协议中均未约定分红的支付时间，故对杨某要求林某支付逾期利息的主张，不予支持。

2. 关于杨某要求林某、亚玛顿公司为其办理变更股东、签发出资证明书、记载于股东名册及公司章程并办理公司登记等相关手续的诉请，法院予以支持，林某、亚玛顿公司应配合杨某办理相应的股权转让变更登记手续。

3. 关于杨某要求亚玛顿公司对林某应返还的2013年度股票分红承担连带给付义务的诉请。杨某提出，其于2013年已提起本案诉讼，亚玛顿公司此时应知晓其是公司的隐名股东，故应向其发放2013年度的分红。法院认为，虽然杨某主张其和林某在2010年10月即形成股权转让关系，但亚玛顿公司并不当然知晓，林某和杨某对此亦有争议，故在杨某的股东身份被确认前，亚玛顿公司并无向其支付分红的义务，杨某的上述主张亦缺乏法律依据，法院不予支持。

4. 关于杨某提出的林某名下的亚玛顿公司股票系其在2010年10月19日持有，则此后发生转增或配股，相应权益也应归其所有的诉请。二审庭审中杨某明确自2010年10月26日双方股权交割完毕至今，亚玛顿公司未向股东转增或配股，故对其该项诉请，法院不予支持。

基于上述，江苏省高级人民法院依照《合同法》第12条、第32条、第44条、第60条第1款、第61条、第125条第1款，2012年《民事诉讼法》第170条第1款第2项，2015年《民事诉讼法司法解释》第90条之规定，判决：(1)撤销江苏省常州市中级人民法院(2014)常商初字第183号民事判决；(2)林某名下号码为0199005574证券账户内的120万股亚玛顿公司股票及相应分红自2010年10月26日起为杨某所有；(3)林某、亚玛顿公司在本判决生效后30日内配合杨某办理上述120万股股票的变更登记手续；(4)驳回杨某的其他诉讼请求。

■ 再审最高人民法院

关于诉争协议中双方标的股权之数额问题。本案诉争《委托投资协议书》及《协议书》中对股权数额的约定均为公司总股本1%(1200万股)，杨某与林某对此条款中的数额存在争议。《合同法》第125条第1款规定："当事人对合同条款的理解有争议的，应当按照合同所使用的词句、合同的有关条款、合同的目的、交易习惯以及诚实信用原则，确定该条款的真实意思。”本案中公司总股本1%（1200万股）的文字表述本身并无歧义，意思表示明确，即协议约定的“公司总股本1%”即为“1200万股”。原审判决结合协议之外的相关事实对该文字进行解释并认定双方诉争股权为120万股，尚有待相关事实进一步查明。

关于诉争协议的法律性质及其效力如何认定，以及杨某请求股权过户的主张能否得到支持的问题。

1. 关于诉争协议的法律性质。杨某与林某签订的本案《委托投资协议书》及《协议书》，从形式上看为双方之间的股权转让协议，但该协议签订于亚玛顿公司上市之前，且双方签订协议的基础是亚玛顿公司上市之后对于股权转让的事实不予披露，双方交易的股权不予过户，该股权仍以林某名义持有，并由杨某与林某按比例共享公司上市后的股权收益；结合亚玛顿公司于本案双方协议之后的上市事实，以及亚玛顿公司上市后林某仍持有股权，并代行股东权利等基本特征，本案以上协议实质构成上市公司股权的隐名代持。因此，本案诉争协议的性质并非一般股权转让，而属于上市公司股权之代持。

2. 关于诉争协议之法律效力。诉争协议即为上市公司股权代持协议，对于其效力，应当根据上市公司监管相关法律法规以及《合同法》等规定予以综合判定。首先，中国证券监督管理委员会于2006年5月17日颁布的《首次公开发行股票并上市管理办法》第13条规定：“发行人的股权清晰，控股股东和受控股股东、实际控制人支配的股东持有的发行人股份不存在重大权属纠纷。”2014年《证券法》第12条规定：“设立股份有限公司公开发行股票，应当符合《中华人民共和国公司法》规定的条件和经国务院批准的国务院证券监督管理机构规定的其他条件……”第63条规定：“发行人、上市公司依法披露的信息，必须真实、准确、完整，不得有虚假记载、误导性陈述或者重大遗漏。”中国证券监督管理委员会于2007年1月30日颁布的《上市公司信息披露管理办法》第3条规定：“发行人、上市公司的董事、监事、高级管理人员应当忠实、勤勉地履行职责，保证披露信息的真实、准确、完整、及时、公平。”根据上述规定等可以看出，公司上市发行人必须股权清晰，且股份不存在重大权属纠纷，公司上市需遵守如实披露的义务，披露的信息必须真实、准确、完整，这既是证券行业监管的基本要求，也是证券行业的基本共识。由此可见，上市公司发行人必须真实，不允许发行过程中隐匿真实股东，否则公司股票不得上市发行，通俗而言，即上市公司股权不得隐名代持。本案中，在亚玛顿公司上市前，林某代杨某持有股份，以林某名义参与公司上市发行，实际隐瞒了真实股东或投资人身份，违反了发行人如实披露义务，为上述规定明令禁止。其次，证监会根据《证券法》授权对证券行业进行监督管理，是为保护广大非特定投资者的合法权益。要求拟上市公司股权必须清晰，约束上市公司不得隐名代持股权，系对上市公司监管的基本要求，否则若上市公司真实股东都不清晰的话，其他对于上市公司系列信息披露要求、关联交易审查、高管人员任职回避等监管举措必然落空，必然损害到广大非特定投资者的合法权益，从而损害到资本市场基本交易秩序与基本交易安全，损害到金融安全与社会稳定，从而损害到社会公共利益。《合同法》第 52 条规定，“有下列情形之一的，合同无效：(一)一方以欺诈、胁迫的手段订立合同，损害国家利益；(二)恶意串通，损害国家、集体或者第三人利益；(三)以合法形式掩盖非法目的；(四)损害社会公共利益；(五)违反法律、行政法规的强制性规定”。本案杨某与林某签订的《委托投资协议书》与《协议书》，违反公司上市系列监管规定，而这些规定有些属于法律明确应予遵循之规定，有些虽属于部门规章性质，但因经法律授权且与法律并不冲突，属于证券行业监管基本要求与业内共识，对广大非特定投资人利益构成重要保障，对社会公共利益亦为必要保障所在。故依据《合同法》第 52 条第 4 项等规定，本案上述诉争协议应认定为无效。

3. 关于杨某请求股权过户的主张能否得到支持。《合同法》第 58 条规定：“合同无效或者被撤销后，因该合同取得的财产，应当予以返还；不能返还或者没有必要返还的，应当折价补偿。有过错的一方应当赔偿对方因此所受到的损失，双方都有过错的，应当各自承担相应的责任。”鉴于诉争《委托投资协议书》及《协议书》应认定为无效，而本案中杨某系依据协议有效主张其股权归属，原审判决亦判定协议有效并履行，由此需向杨某作出释明后征询其诉求意愿。并且，本案中双方协议因涉及上市公司隐名持股而无效，但这并不意味着否认杨某与林某之间委托投资关系的效力，更不意味着否认双方之间委托投资的事实。同样，这也不意味着否认林某依法持有上市公司股权的效力，更不意味着否认林某与亚玛顿公司股东之间围绕公司上市及其运行所实施的一系列行为之效力。据此，本案双方协议虽认定为无效，但属于“不能返还或者没有必要返还的”情形，故杨某要求将诉争股权过户至其名下的请求难以支持，但杨某可依进一步查明事实所对应的股权数量请求公平分割相关委托投资利益。

基于上述，最高人民法院依照2012年《民事诉讼法》第200条第2项、第6项，第204条，第206条，以及2015年《民事诉讼法司法解释》第395条第1款的规定，裁定指令江苏省高级人民法院重审。

焦点问题评析

（一）关于代持协议中双方标的股权之数额问题

关于本案诉争协议中双方标的股权之数额问题，最高人民法院与江苏省高级人民法院的认定存在差异。江苏省高级人民法院结合协议的其他条款、交易的价格、交易双方的认知能力、证券交易的特点等进行综合认定，认为杨某（一审原告）主张股权转让标的数量为1200万股存在诸多疑点，故其应就此承担举证不能的法律后果，认定案涉股权转让的标的数量为120万股。最高人民法院认为，“公司总股本1%（1200万股）”的文字表述本身并无歧义，意思表示明确，即协议约定的“公司总股本1%”即为“1200万股”，原审判决结合协议之外的相关事实对该文字进行解释并认定双方诉争股权为120万股，尚有待相关事实进一步查明，因此未作出明确认定。

（二）关于诉争协议的法律性质及效力问题

关于本案诉争协议的法律性质及效力问题，最高人民法院与江苏省高级人民法院对法律性质的认定略有差异，而对效力的认定则截然相反。

1. 关于诉争协议的法律性质

江苏省高级人民法院认为,双方关于代为持股的约定,与股权转让的内容不冲突,应当认定双方之间是股权转让关系,对林某提出的其和杨某之间是委托代理投资关系的主张,不予采信。最高人民法院则认为,本案诉争协议的性质并非一般股权转让,而属于上市公司股权之代持。

2. 关于代持拟上市公司协议的效力

江苏省高级人民法院通过探讨《公司法》关于发行人限售期的立法目的指出,发起人为将其股份在限售期内转让给他人而预先签订股权转让合同,但未实际交付股份的,不会引起其股东身份以及股权关系的变更,即发起人的法律责任不会因为签订股权转让协议而免除。因此,案涉代持协议应认定为有效。

最高人民法院则认为,案涉代持协议实际隐瞒了拟上市公司的真实股东或投资人身份,违反了发行人如实披露义务,为《证券法》《首次公开发行股票并上市管理办法》等证券监管规定明令禁止,并且将损害到资本市场基本交易秩序,损害到金融安全与社会稳定,从而会"损害社会公共利益",依据《合同法》第 52 条第 4 项,应认定代持协议无效。

本案最高人民法院的判决时间紧随本章案例三[(2017)最高法民终 529 号]之后(均为 2018 年 3 月),两个案件均为关于特殊行业领域的股权代持纠纷(案例三为保险公司),二者都改变了地方高级人民法院关于代持协议有效的认定、发回地方高级人民法院重审。二者在认定协议无效的裁判路径上也是一致的,均通过分析部门规章的制定目的、违反后果等,认为违反该等监管规定损害了其背后所欲维护的社会公共利益,进而依照《合同法》第 52 条第 4 项的规定认定代持协议无效。最高人民法院在上述两案表露的裁判倾向值得关注。事实上,在上海金融法院 2019 年 4 月 30 日审结的(2018)沪 74 民初 585 号案[①]中,该院也认定双方代持上市公司原始股的协议无效,其理由基本与本案一致。

---

① 该案为上海市高级人民法院参考性案例第 78 号。

值得注意的是，作出上述判决的 2 个月后，在"陈某明、荆某国股权转让纠纷案"[（2018）最高法民终 60 号][①]中，股权代持行为也发生在目标公司上市之前，最高人民法院认为，该股份转让关系不会引起陈某明股东身份及大康公司股权关系的变化，亦不对股份转让市场秩序产生负面影响，不仅认定该股权代持协议有效，还支持了实际出资人要求名义股东交付代持股票相应财产权益及已派发现金红利的主张。该案中，最高人民法院又采取了不同处理思路，认定协议效力与权属变动应当区分看待。

我们理解，对于代持（拟）上市公司股权效力的认定，不能一概而论，需结合具体个案进行分析。在审查时可考虑代持股的数量及其所占股权总额的比例、是否属于披露的十大股东、名义股东及实际出资人是否在上市公司担任高管、是否存在一致行动人、是否与实际控制人等存在关联关系、是否会对公司治理产生影响等。例如，在我们代理的（2021）京 03 民终 6269 号案中，一审、二审法院也均采纳了我方观点，认定代持拟上市公司股权比例很低且不涉及信息披露、公司治理等监管事项，并不违反法律、行政法规的效力性强制性规定，属于合法有效。

（三）杨某请求股权过户的主张能否得到支持

关于本案杨某请求股权过户的主张能否得到支持，最高人民法院与江苏省高级人民法院的认定不同。在认定诉争协议有效的情况下，江苏省高级人民法院直接支持了杨某主张的办理股票变更登记的主张。最高人民法院认为，诉争合同无效后，杨某关于要求将诉争股权过户至其名下的请求不能支持，但其可依进一步查明的事实所对应的股权数量请求公平分割相关委托投资利益。换言之，最高人民法院认定权属不可变动，但相应的财产价值可以进行合理分割。

本案为人民法院认定拟上市公司股权代持无效的典型案例，其主要理由是拟上市公司股权代持的存在，违反了上市公司发行人股权清晰，信息披

① 本案再审时的合议庭成员为虞政平、毛宜全、汪军，（2018）最高法民终 60 号案最高人民法院的合议庭成员为张勇健、钱小阳、奚向阳。

露真实、准确、完整等要求。如果允许上市公司股权代持,将导致对上市公司信息披露要求、关联交易审查、高管人员任职回避等规定的监管举措落空,损害广大不特定投资者的合法权益,破坏证券市场交易秩序与交易安全。

但是,不管在司法实践中,还是学理上,均有观点认为,拟上市公司股权代持不宜一概认定无效,应根据个案情况进行具体分析。一般而言,代持比例较小,“不能对上市公司、公众投资者产生影响,达不到触发强制性规定涉及金融安全、市场秩序、国家宏观政策等公序良俗条件的,对代持协议的效力没有必要一律判为无效,或一律不准实际投资人显名,其他问题则由双方依照契约自由、意思自治决定”①。我们也倾向于认为,需要结合监管强度、监管目的等进行具体分析。

---

① 傅伟芬:《上市公司股权代持行为的效力探讨》,第四届上海司法高峰论坛暨上海法院“《民法典》司法实务论坛”第四期论文。

第二章

股权代持法律关系的认定

商业实践中，隐名股东与名义股东之间没有书面股权代持协议或股权代持协议的真实性难以认定的情况客观存在。在此情况下，隐名股东如何主张代持法律关系？如何梳理证据材料证实代持法律关系的存在？我们就此对最高人民法院在股权代持纠纷审判实务中的裁判思路进行了梳理和研究。

经案例数据库检索，最高人民法院对于无书面股权代持协议或股权代持协议的真实性难以认定的情形，最后认定成立代持法律关系的典型案例共有 4 个[①]。通过对这些案例的解读及分析可以看出，在无书面股权代持协议或股权代持协议的真实性难以认定的情况下，最高人民法院并不必然否认隐名出资人与名义股东之间代持法律关系的存在，通常考虑以下因素综合认定是否成立代持法律关系：①隐名出资人是否对目标公司实际进行了出资；②是否有第三方知悉股权代持事宜；③隐名出资人是否实际行使过股东权利；④其他佐证因素。4 个典型案例的解读及研究如下。

① 最高人民法院对于无书面代持协议最后认定成立代持法律关系的 4 个典型案例案号分别为：（2021）最高法民终 430 号，（2013）民一终字第 138 号，（2016）最高法民申 653 号，（2017）最高法民申 4748 号。

案例一

结合公司成立、出资、管理过程综合判断股权实际权属

——王某、廖某等申请执行人执行异议之诉案评析

根据《公司法司法解释(三)》第24条①的规定,股权代持关系的成立以股权代持合同及实际出资为要件。但在代持协议的真实性难以认定且股东均为认缴公司的出资流向无法判断的情形下,应如何认定股权的实际权属,是实践中处理此类案件非常值得关注的问题。结合以下案例,我们可以探寻法院在该类案件中,会从哪些角度认定股权的实际归属,如何判断名义股东与实际出资人之间的代持关系成立。

裁判要旨

名义股东与实际出资人之间的协议效力真实性存疑的,法院会结合公司的成立、出资、管理过程等进行综合判断,公司最初设立过程、股东出资的实际资金流向、公司的经营管理参与情况等,均可作为法院认定股权实际权利归属的依据。

---

① 《最高人民法院关于适用〈中华人民共和国公司法〉若干问题的规定(三)》(2020年修正,法释〔2020〕18号)第24条规定:"有限责任公司的实际出资人与名义出资人订立合同,约定由实际出资人出资并享有投资权益,以名义出资人为名义股东,实际出资人与名义股东对该合同效力发生争议的,如无法律规定的无效情形,人民法院应当认定该合同有效。前款规定的实际出资人与名义股东因投资权益的归属发生争议,实际出资人以其实际履行了出资义务为由向名义股东主张权利的,人民法院应予支持。名义股东以公司股东名册记载、公司登记机关登记为由否认实际出资人权利的,人民法院不予支持。实际出资人未经公司其他股东半数以上同意,请求公司变更股东、签发出资证明书、记载于股东名册、记载于公司章程并办理公司登记机关登记的,人民法院不予支持。"

争议焦点

1. 名义股东与隐名股东之间的代持关系是否成立?

2. 隐名股东作为被执行人时,隐名股权执行如何确定?

案情概要

(一)基本案情

1. 案例索引

案号:(2021)最高法民终430号、(2019)赣民初73号

案由:申请执行人执行异议之诉

审理法院:最高人民法院(二审)、江西省高级人民法院(一审)

裁判时间:2021年5月8日(二审)

2. 案件基本事实

2012年12月6日,王某与廖某分别出资600万元、400万元设立甲混凝土公司。2014年7月17日,乙混凝土公司与王某、廖某签订《协议书》,约定王某、廖某仅为甲混凝土公司的名义股东,对公司财产不享有所有权,王某、廖某出资的资金实际全部由乙混凝土公司出资,乙混凝土公司为实际股东。同时王某、廖某一致同意将其持有的甲混凝土公司100%股权过户到乙混凝土公司名下。2014年8月11日,甲混凝土公司股东会决议将原股东廖某(40%)、王某(60%)变更为廖某(10%)、乙混凝土公司(90%)。2014年11月,甲混凝土公司再次召开股东会,将股东变更回廖某(40%)、王某(60%)。2016年6月,甲混凝土公司增资后,廖某、王某分别出资1000万元(占40%)、1500万元(占60%)。

2017年9月,江西省高级人民法院作出本案判决,判令乙混凝土公司对本案被告应支付的款项承担连带清偿责任,后本案当事人某金融公司申请强制执行,江西省高级人民法院裁定冻结王某、廖某持有的甲混凝土公司的股权。王某、廖某向江西省高级人民法院提出异议,江西省高级人民法院于2019年7月2日裁定中止执行。为此,某金融公司向江西省高级人民法院

提出申请人执行异议之诉。

原告在一审中的主张：

某金融公司（一审原告、二审被上诉人、申请执行人）主张：准许执行王某、廖某代乙混凝土公司持有的甲混凝土公司100%股权。

（二）法院观点及判决

■ 一审江西省高级人民法院

关于王某、廖某是否对案涉股权享有阻却执行的民事权益问题。根据2015年《民事诉讼法司法解释》第313条的规定，王某、廖某应就其享有足以排除强制执行的民事权益承担举证责任。本案中，王某、廖某提交了甲混凝土公司的工商登记及公司章程等证据，认为其系甲混凝土公司工商登记及公司章程记载的股东，王某、廖某与乙混凝土公司签订的《协议书》只是为资产转让及他案诉讼的需要，乙混凝土公司并非甲混凝土公司的股东。某金融公司认为，王某、廖某系代乙混凝土公司持有甲混凝土公司的股权。

关于乙混凝土公司是否为甲混凝土公司的隐名股东的认定问题。一审法院认为，工商登记及公司章程记载的股东为王某、廖某，但工商登记只是证明股东资格并对抗第三人的表面证据。在认定股东资格时，工商登记只是相对优先适用，并不具有绝对效力。在处理公司内部股东资格时，实质要件应为重要的判断标准，而实质要件包括隐名的出资协议及实际出资人出资的事实。经查，王某、廖某在甲混凝土公司成立时未实缴注册资本，未实际出资，而甲混凝土公司也未实缴注册资本。因此，隐名的出资协议是认定甲混凝土公司实际股东的主要依据。根据2014年《公司法司法解释（三）》第24条第1款的规定，有限责任公司的实际出资人与名义出资人订立合同，约定由实际出资人出资并享有投资权益，以名义出资人为名义股东，实际出资人与名义股东对该合同效力发生争议的，如无《合同法》第52条规定的情形，人民法院应当认定该合同有效。本案中，某金融公司提交2014年7月17日《协议书》，主张王某、廖某系代乙混凝土公司持有甲混凝土公司的股权，而王某、廖某提交2013年8月1日与吴某、傅某签订的《协议书》《股权协议》，主张其系代吴某、傅某持有甲混凝土公司的股权。从本案双方提交其他证据及查明的事实来看,应依2014年7月17日的《协议书》来确定甲混凝土公司的实际股东。

首先,从甲混凝土公司的成立过程来看。经查,乙混凝土公司于2012年3月12日向政府申请设立丙混凝土搅拌站某工业平台分站,并在2012年5月与该市经开区管委会签订《合同书》,约定设立丙混凝土搅拌站某工业平台分站,并成立一家新的公司。乙混凝土公司编制报送该分站的项目环境保护影响报告表,并向有关部门提交该工业平台分站项目试运行的请示及要求丙混凝土搅拌站某工业平台分站名称变更为甲混凝土公司,且相关部门均予以批复同意。由此可见,甲混凝土公司系根据乙混凝土公司与该市经济开发区管委会签订的有关合同约定而成立的,其成立之前或之后,系以乙混凝土公司的名义运作。甲混凝土公司成立后,也将办公地址变更为合同约定的地址。同时,乙混凝土公司根据其与丁公司之间的《资产转让协议》约定,对其分公司进行剥离,成立一个新的独立公司法人,并将分公司的土地、在建的办公楼及附属设施,在建的两套混凝土生产线设备及配套的机动车辆等资产全面纳入新公司,而新的公司即甲混凝土公司,由此可见,甲混凝土公司系乙混凝土公司运作成立的。

其次,从甲混凝土公司的实际出资来看。虽然甲混凝土公司成立时,双方并未实缴注册资本,但甲混凝土公司、廖甲实际为甲混凝土公司出资方,而王某、廖某并未实际出资。王某、廖某称780万元土地款系其出资,但根据转账凭证可证明780万元土地款中的156万元系乙混凝土公司转入甲混凝土公司,而其余624万元系张某、徐某提供并转入甲混凝土公司,王某、廖某未直接转款给甲混凝土公司。上述款项也是以甲混凝土公司名义缴纳,且王某、廖某在庭审中称不认识张某、徐某,也未提供其他证据证明其与张某、徐某存在借款关系,而从廖甲的有关银行账户流水看,其与张某、徐某存在资金往来,且多系廖甲转账给张某、徐某,故可认定上述款项并非王某、廖某提供。王某、廖某提供的大多数领条、收条、收款收据等,虽涉及甲混凝土公司的有关工程款及材料款,但这些证据不足以证明吴某是以甲混凝土公司基础建设出资,而从廖甲的银行流水来看,廖甲与吴某之间存在频繁的资金往来,且大多系廖甲向吴某转款。傅某庭审时称其持有甲混凝土公司40%股权,出资系以后续的工程款抵股权,但按2013年8月1日的《协议书》约定,傅某是以现金方式出资,且非一次性投入,可见其陈述存在矛盾。王某、廖某提交的傅某的银行流水显示,傅某在2015年至2019年收到甲混凝土公司的材料款及其他款项远大于其支付给甲混凝土公司的款项,且其支付给其他人款项,需经廖甲同意,且资金来源于甲混凝土公司,故不能以其付款作为投资的依据。傅某在甲混凝土公司成立之后2013年至2015年之间,也无证据证明其已实际投资。本案中,从乙混凝土公司、廖甲的部分银行账户流水来看,乙混凝土公司及其全资股东廖甲与甲混凝土公司之间资金来往频繁,金额达到3064.13万元,其中乙混凝土公司、廖甲转入到甲混凝土公司款项达到2498.04万元,而王某、廖某、乙混凝土公司、廖甲未对上述资金往来给予合理解释。廖甲代甲混凝土公司缴纳了协会会费、押金计110万元及支付设备按揭款共计1,083,536元,廖甲也认可甲混凝土公司的设备是以其个人的名义购买并代为支付按揭款并自认代缴会费。从乙混凝土公司、廖甲有关银行流水来看,廖甲与吴某、傅某存在大量资金往来,且基本上是廖甲向吴某、傅某转款。由此可见,吴某、傅某与廖甲之间存在利害关系,吴某、傅某并未实际出资。

再次,廖甲代表乙混凝土公司对甲混凝土公司进行全面的管理,实际行使了股东权利。甲混凝土公司的筹备、成立、建成均由乙混凝土公司全资股东廖甲操办,且廖甲一直以来在甲混凝土公司担任总经理职务,对甲混凝土公司的业务、财务进行全面管理。王某、廖某自从甲混凝土公司登记设立后从未参与过分配,也未实际参与经营管理。王某、廖某不具备混凝土行业经验及资源,更没有创办混凝土企业的条件和资质,而乙混凝土公司的唯一股东及法定代表人廖甲,主导了甲混凝土公司运营管理、财务收支,包括处理甲混凝土公司的大额银行贷款,将1000万元贷款转至其父亲名下的公司,充分行使了股东的权利,表明其实际控制甲混凝土公司。

最后,从证据效力来看。2014年7月17日的《协议书》对王某、廖某具有拘束力。虽然乙混凝土公司于2014年11月6日将股权变更转让到王某、廖某名下,但王某、廖某在2016年3月19日开庭审理的(2014)余民二初字第70号案中,陈述乙混凝土公司是甲混凝土公司的实际出资股东,王某、廖某仅为代持的名义股东,认可了代持事实,而乙混凝土公司在该案的起诉状及反诉答辩状也对该事实进行了自认。虽没有生效判决对上述事实予以确认,但根据民事诉讼诚实信用原则,一方当事人在另案中提供的证据,在本案中被法院作为认定为案件事实的依据的,在本案中已丧失对证据真实性提出异议的资格。因此,针对乙混凝土公司在(2014)余民二初字第70号案提交的《协议书》及乙混凝土公司、王某、廖某认可代持事实,王某、廖某在不存在受胁迫或者重大误解情况下,在本案中推翻其所作的上述不利陈述,有违诚实信用原则,不予支持。傅某出庭作证时承认甲混凝土公司是乙混凝土公司的子公司,且按照王某、廖某与傅某、吴某签订的协议书,傅某、吴某作为隐名股东,未参与处置股权及转让资产事项,于情理不合。鉴于傅某、吴某与廖甲之间的利害关系,对王某、廖某与傅某、吴某之间签订的《协议书》《股权协议》不予认定,而王某、廖某与乙混凝土公司之间的《协议书》系双方的真实意思表示,且不违反法律、行政法规的强制性规定,合法有效。根据该协议,认定王某、廖某系代乙混凝土公司持有甲混凝土公司100%股权。

基于上述,一审江西省高级人民法院认为:王某、廖某对案涉股权不享有阻却执行的民事权益,某金融公司的诉请成立,一审法院予以支持。其判决:(1)准许执行王某持有的甲混凝土公司60%股权;(2)准许执行廖某持有的甲混凝土公司40%股权。

■ **二审最高人民法院**

本案二审争议焦点为王某、廖某名下甲混凝土公司100%股权是否为代持股权。经查,乙混凝土公司、王某、廖某于2014年7月17日签订一份《协议书》,确认王某、廖某对甲混凝土公司的出资实际上全部由乙混凝土公司出资,王某、廖某仅是甲混凝土公司的名义股东,对该公司财产不享有所有权,实际股东是乙混凝土公司;甲混凝土公司的全部资产由乙混凝土公司投入,王某、廖某未投入。一审认为该协议有效,对王某、廖某具有拘束力,并以此为基础认定王某、廖某系代乙混凝土公司持有甲混凝土公司100%股权，故王某、廖某对该股权不享有阻却执行的民事权益。王某、廖某上诉称，该协议不是当事人真实意思表示，其二人是甲混凝土公司的实际股东，对甲混凝土公司的股权享有阻却执行的民事权益。对此，最高人民法院评判如下：

首先，从甲混凝土公司成立、投产等情况来看，甲混凝土公司于2012年7月26日经工商登记成立，股东为王某、廖某，经营范围为商品混凝土搅拌、泵送、销售等。但王某、廖某并未实际出资，亦未在办理相关审批事项中发挥作用。甲混凝土公司的成立、投产完全依赖乙混凝土公司，全部资产亦由乙混凝土公司投入，能够印证乙混凝土公司是甲混凝土公司的实际股东。其一，乙混凝土公司于2012年3月12日申请设立“丙混凝土搅拌站某工业平台分站”项目，市工业和信息化委员会于同年5月31日批复同意。其间，乙混凝土公司与市开发区管委会签订合同，约定乙混凝土公司在市开发区管委会注册成立一家新公司，将该合同权利义务移至新公司，而甲混凝土公司即根据双方约定成立的新公司。其二，乙混凝土公司与丁公司于2012年9月28日签订《资产转让协议》，乙混凝土公司承诺对其分公司进行剥离，成立一个新的独立公司法人，并将分公司的土地、在建的办公楼及附属设施、在建的两套混凝土生产线设备及配套的机动车辆等资产全面纳入新公司，将乙混凝土公司的建筑业企业资质证书亦过户到新公司名下，而此处的新公司指甲混凝土公司。其三，市工业和信息化委员会于2014年7月19日批复同意乙混凝土公司提交的申请，丙混凝土搅拌站某工业平台分站的名称变更为甲混凝土公司。在此前后，乙混凝土公司向市环保职能部门申报了该项目环境保护影响报告表、试运行申请、竣工环保验收申请等材料，均获批复同意。

其次，从甲混凝土公司资金来源等情况来看，王某、廖某在甲混凝土公司成立时并未实际出资，此后也没有资金投入，甲混凝土公司的资金来源均与乙混凝土公司或者廖甲相关，而廖甲是唯一股东，亦能够印证乙混凝土公司是甲混凝土公司的实际股东。其一，甲混凝土公司于2013年向市财政局缴纳土地出让金780万元，其中156万元先由乙混凝土公司转入甲混凝土公司，624万元先由张某、徐某分别转入甲混凝土公司。王某、廖某与张某、徐某不相识、无其他经济往来，亦无证据表明张某、徐某与甲混凝土公司之间存在交易、借贷等关系，而廖甲与张某、徐某的银行账户间有多笔资金往来，故张某、徐某系根据廖甲而非王某、廖某的要求转入上述款项才符合常理。其二，廖甲代甲混凝土公司缴纳了协会会费、押金共计110万元，以其个人的名义为甲混凝土公司购买设备并支付按揭款共计1,083,536元。其三，乙混凝土公司、廖甲与甲混凝土公司相关银行账户之间资金来往频繁，有银行明细的累计3000余万元，其中乙混凝土公司、廖甲转入到甲混凝土公司款项近2500万元。对此，王某、廖某及廖甲均未作出合理解释。

再次，从甲混凝土公司经营管理等情况来看，廖甲虽然在名义上仅是甲混凝土公司聘用的总经理，但其在甲混凝土公司经营管理中权限和作用远大于王某、廖某，也远超出职业经理人的一般行为模式，事实上是代表乙混凝土公司对甲混凝土公司行使实际股东权利。其一，甲混凝土公司从筹备、成立、投产到运营，相关事宜均由廖甲操办。廖甲对甲混凝土公司进行全面管理，包括处置巨额资金，如将甲混凝土公司1000万元贷款转至其父亲参股的公司。其二，王某、廖某称甲混凝土公司每年付给廖甲20万元年薪、每月预支1.2万元，但未能提供支付薪金的证据，亦缺乏可信性。其三，王某、廖某不具备混凝土行业经验及资质，一直未实际参与甲混凝土公司的经营管理，亦未参与利润分配。王某、廖某称其二人负责甲混凝土公司采购生产销售，但未能提供证据证明。

最后，从2014年7月17日《协议书》真实性等情况来看，王某、廖某称该协议并非各方真实意思表示，签订该协议仅是为了应对乙混凝土公司与丁公司的民事诉讼纠纷。但王某、廖某在另案即(2014)余民二初字第70号案中，认可乙混凝土公司是甲混凝土公司的实际出资股东，二人仅为代持的名义股东。乙混凝土公司在该案的起诉状、反诉答辩状也自认该事实，并以此为事由向丁公司主张权利。2017年《民事诉讼法》第13条第1款规定，民事诉讼应当遵循诚实信用原则。据此，当事人在任何案件中都应当向法庭如实陈述,否则应自负不利后果乃至承担法律责任。对于是否代持股份问题,王某、廖某在另案中的陈述和态度与本案查明的事实证据能够相印证,且符合情理,可以采信。王某、廖某现自认在另案中作了虚假陈述,但又无法为其在本案陈述的真实性提供证明。故对王某、廖某在本案中的反言性陈述,法院不予采信。

基于上述,二审最高人民法院认为:王某、廖某的上诉请求不能成立,应予驳回;一审判决认定事实清楚,适用法律正确,应予维持。依照 2017 年《民事诉讼法》第 170 条第 1 款第 1 项规定,最高人民法院判决:驳回上诉,维持原判。

焦点问题评析

(一)关于股权实际权属的判定标准

在司法实践中,对于股权的实际权属应被确认为属于隐名股东还是显名股东的问题,已有广泛而深入的研究。股东资格的确认不是创设新的法律关系,而是对既有的股东资格在法律上加以审查、判断、确认。实践中,各级法院往往基于以下几种事实和行为对股权的实际权属进行认定:有投资协议、公司章程、履行出资义务、获得出资证明书、记载于股东名册、公司登记机关登记,此外还有参加股东会、行使股东投票权、在股东会会议记录上签署姓名、实际获得公司分配、其他股东的确认、接获股东会召集会议通知、曾经以股东名义参加诉讼并被法庭认可、转让股权或行使股东任一权利未遭受其他已知的利害关系人反对等。

《公司法司法解释(三)》第 24 条概括规定了"实际出资人以其实际履行了出资义务为由向名义股东主张权利的,人民法院应予支持"。对于如何判定隐名股东是否"实际履行了出资义务",即如何判定相关主体是否具有股东资格,目前通常认为应当采取综合标准,即以《公司法》规定的公司股东应具备的各式要件综合判断股东资格,当事人对股东资格发生争议时,人民法院应当结合公司章程、股东名册、工商登记、出资情况、出资证明书、是否实际行使股东权利等因素,充分考虑当事人实施民事行为的真实意思表示,综合对股东资格作出认定。

本案中,对于甲混凝土公司的股权实际权属的判断,法院的主要判断有以下几个层面:首先,甲混凝土公司的成立、投产情况,由于王某、廖某并未实际出资,且未在办理相关审批事项中发挥任何作用,而甲混凝土公司的设立、投产完全依赖乙混凝土公司,全部资产由乙混凝土公司投入,且甲混凝土公司系由乙混凝土公司此前设立的丙混凝土搅拌站某工业平台分站变更而来,更能印证乙混凝土公司的实际股东地位。其次,法院关注到甲混凝土公司的资金来源情况,由于王某、廖某未实际出资,其后也无任何资金投入,甲混凝土公司的全部资金来源均与乙混凝土公司及其股东廖甲直接相关。再次,就经营管理情况而言,廖甲尽管仅为甲混凝土公司的总经理,但是在具体的经营管理中的权限和作用较大,远超出职业经理人的一般行为模式,法院认为廖甲系事实上代表乙混凝土公司对甲混凝土公司行使实际股东权利。最后,关于王某、廖某与乙混凝土公司签订的代持协议真实性,由于王某、廖某在另案中认可乙混凝土公司的实际出资股东身份,且与本案查明的事实证据能够互相印证,符合情理,可以采信。

(二)关于隐名股东作为被执行人时,隐名股权的执行

由于隐名股东并非公司章程、股东名册、工商登记的股东,但在一些情况下,隐名股东对外并未隐瞒自己的实际持股情况,申请执行人对其持股情形知晓,因此可以向执行法院披露隐名股东在公司的实际持股情况并要求执行。

本案中,由于王某、廖某在另案中认可乙混凝土公司系案涉股权的隐名股东,且与本案查明的事实证据能够互相印证,因此法院不予采信两人在本案中的反言性陈述,而采信其在另案中的陈述和态度。基于名义股东对案涉股份权属的认可态度,依据民事诉讼法理论中的"自认原则",如果一方当事人对对方当事人所主张的事实予以认可,人民法院无须对该事项进行审查,即可将该自认事实作为查明事实进行确认。拓展到执行层面,财产占有人承认该财产系被执行人实际所有,双方对该财产权属无争议的,执行法院可以将该财产作为被执行人的执行财产予以查封、扣押、冻结。《最高人民法院关于人民法院民事执行中查封、扣押、冻结财产的规定》[①]第 2 条第 3 款规定：对于第三人占有的动产或者登记在第三人名下的不动产、特定动产及其他财产权，第三人书面确认该财产属于被执行人的，人民法院可以查封、扣押、冻结。因此，如名义股东对股权实际权利人是隐名股东无异议，执行法院可以对案涉股权进行处分。

实践中，如名义股东不认可代持协议的真实性，可以结合公司的成立、出资、管理过程等对是否成立代持关系进行综合认定和判断，这也对隐名股东提交证据证明其与公司之间的关系，提出了更高的要求。我们理解，隐名股东由于其实质上与公司之间存在较强的关联性，在对公司的经营管理过程中，可以结合法院判断的几个层面进行证据上的留痕。同时，本案中法院的判决思路也可以启示隐名股东的债权人，尽可能地掌握被执行人的财产线索，如能得到隐名股东持有股权的线索，在名义股东认可的情况下，就能够顺畅地实现自己的权利。

① 《最高人民法院关于人民法院民事执行中查封、扣押、冻结财产的规定》（2020 年修正），法释〔2020〕21 号，2020 年 12 月 29 日发布，2021 年 1 月 1 日起施行，根据 2020 年 12 月 23 日最高人民法院审判委员会第 1823 次会议通过的《最高人民法院关于修改〈最高人民法院关于人民法院扣押铁路运输货物若干问题的规定〉等十八件执行类司法解释的决定》修正。

案例二

综合全案事实、依据证据证明力可认定双方存在代持关系

——薛某与陆某、乙市场发展公司、甲房地产公司委托代理合同纠纷案评析

2001 年《最高人民法院关于民事诉讼证据的若干规定》第 66 条、第 73 条第 1 款曾确立“证据综合审查原则”“优势证据原则”①,2015 年《民事诉讼法司法解释》第 108 条第 1 款确立“高度盖然性标准”②。在没有书面股权代持协议的情况下,当事人是否存在代持合意是代持案件审理的重点难点。代持合意有赖于各方提交的证据和陈述的事实,经由法官经验法则和自由心证审慎认定。结合以下案例,我们可以探寻法院在该类案件中主要关注哪些方面、哪些证据可以成为优势证据,并探讨作为隐名股东如何保全有效证据,以备不时之需。

裁判要旨

名义股东与实际出资人之间未签订代持协议的,如能结合全案事实情况,认定实际出资人付款的事实客观存在,应依据证据的证明力认定双方之

---

① 2001 年《最高人民法院关于民事诉讼证据的若干规定》第 66 条规定:“审判人员对案件的全部证据,应当从各证据与案件事实的关联程度、各证据之间的联系等方面进行综合审查判断。”第 73 条第 1 款规定:“双方当事人对同一事实分别举出相反的证据,但都没有足够的依据否定对方证据的,人民法院应当结合案件情况,判断一方提供证据的证明力是否明显大于另一方提供证据的证明力,并对证明力较大的证据予以确认。”

② 2015 年《民事诉讼法司法解释》第 108 条第 1 款规定:“对负有举证证明责任的当事人提供的证据,人民法院经审查并结合相关事实,确信待证事实的存在具有高度可能性的,应当认定该事实存在。”

间存在实际出资人委托名义股东收购股权并且代持股权的关系，但名义股东签订的股权转让协议并不因无权处分或恶意串通而无效。

争议焦点

1. 如何依据优势证据原则认定双方存在股权代持合意？

2. 名义股东未经许可转让股权，隐名股东是否可以要求股权回转登记？

案情概要

（一）基本案情

1. 案例索引

案号：（2013）民一终字第 138 号、（2011）苏商初字第 8 号

案由：委托代理合同纠纷

审理法院：最高人民法院（二审）、江苏省高级人民法院（一审）

裁判时间：2013 年 11 月 18 日（二审）

2. 案件基本事实

2009 年，陆某与甲房地产公司法定代表人签订《收购股权书》，取得甲房地产公司 85% 的股权，但陆某本人并不持有《收购股权书》原件，相关股权收购款也由薛某通过他人支付给股权转让方。此后，陆某将股权转让给乙市场发展公司。薛某认为自己才是实际股东，陆某转让股权损害了其权利，遂提起诉讼。

原告、被告在一审中的主张：

薛某（一审原告、二审上诉人）主张：其通过高息融资、斥资151,540,395元委托陆某以其个人名义收购甲房地产公司 85% 的股权，其与陆某之间已经形成合同项下的股权代持关系。陆某后转让甲房地产公司股权给案外人，薛某请求法院确认代持关系有效；确认陆某向案外人转让股权合同无效；办理股权回转登记；陆某、案外人向薛某连带赔偿损失 1 亿元。

陆某（一审被告、二审被上诉人）主张：双方之间系单纯的借贷关系，不

存在委托收购股权和代持股份关系,且该借款已全部归还,应依法驳回薛某的全部诉讼请求。

(二)法院观点及判决

■ 一审江苏省高级人民法院

关于薛某向陆某汇付的款项数额问题。薛某向陆某汇付的款项数额是151,540,395元,而非146,540,395元。2009年5月25日杨某汇入虞某账户5,000,000元保证金系杨某代薛某支付。杨某已向一审法院确认上述款项的性质系其为薛某代付,并非陆某向其借款。根据一审法院调取的江苏省溧阳市人民法院(2010)刑二初字第128号陆某涉嫌非法倒卖土地使用权罪案件的同步录音录像资料(2010年3月7日2:09:52溧阳市公安局对陆某的讯问笔录),陆某明确确认其是向杨某借款5,000,000元,5,000,000元打到虞某账上,原想还杨某的,但后来并没有还,2009年年底被陆某陆续用掉了。陆某认为5,000,000元保证金是其向杨某借款,并已于2011年11月23日归还了5,000,000元中的2,000,000元。杨某对此说法不予认可,其明确,2,000,000元虽已收到,但收据内容是虞某起草,其签字时并未仔细看,并不清楚这笔钱是还哪笔钱,因而陆某的抗辩主张无事实依据。

关于薛某和陆某之间是否存在薛某委托陆某收购股权并且代持股权的关系。陆某辩称其仅是向薛某借款,对此难以采信。理由是:

1. 双方之间无论是薛某主张的委托收购股权并且代持的关系,还是陆某认为的借款关系,均无直接的书面证据。因此,薛某、陆某各自的主张能否成立,应依据民事诉讼优势证据原则,综合各方面证据加以分析判断。

2. 陈某、杨某、虞某均是本案股权转让及发生纠纷过程的亲历者和知情人,可以作为证人。陈某、杨某与薛某、陆某均是朋友,陈某是甲房地产公司原法定代表人,杨某介绍薛某、陆某认识,杨某并任甲房地产公司的总经理,薛某为参股甲房地产公司,曾向陈某借款30,000,000元,杨某为此提供担保,该款现已偿还。陆某以此为由认为陈某、杨某存在利害关系,其证言不具有证据证明力的抗辩,主张应不予支持。

3. 杨某、陈某的证言能够互相印证,且与本案其他证据、事实相吻合,杨某、陈某的证言真实可信,可以采信。

(1)2009 年 11 月 23 日,杨某接受溧阳市公安局城南派出所对其询问时称:“2009 年 4 月初,薛某、陈某、马某和我四人在迪欧咖啡店商谈收购事宜,当时甲房地产公司股东(代表)陈某、马某与薛某达成口头协议,由薛某出资 27,000,000 元将甲房地产公司股东许某的股权付清,其他股权转让款以后支付,后薛某拿出 27,000,000 元股权收购款给陈某,陈某没有收,并对薛某讲其他股东有想法的,叫薛某不要以自己的名义收购,我就把甲房地产公司的隐名股东陆某介绍给薛某认识……”该节事实,与 2009 年 5 月 4 日薛某申请农村信用社本票一张,金额为 27,000,000 元,收款人为甲房地产公司,付款期限 2 个月,备注“购股权款”,但甲房地产公司未收取上述票款的事实能够互相印证。

(2)2009 年 11 月 23 日杨某接受溧阳市公安局城南派出所对其询问时称:“2009 年 5 月下旬,陆某代薛某与陈某签订了收购协议书,协议书签好后,陆某将收购股权书原件交给了薛某。”现薛某持有上述 2009 年 5 月 23 日《收购股权书》原件,而陆某不能提供《收购股权书》的原件。

(3)2009 年 11 月 23 日杨某接受溧阳市公安局城南派出所对其询问时称:“之后,根据收购股权书的约定,薛某将应付的股权收购款分三次会同陆某的代理人虞某全部付给甲房地产公司和陈某的公司,2009 年 7 月下旬,所有收购款全部付清……”该节事实与 2009 年 5 月 25 日杨某汇入虞某账户 5,000,000 元,2009 年 7 月 13 日、7 月 21 日,薛某通过丙公司财务经理汇款至虞某账户,并由虞某转汇陈某的公司账户 114,294,258 元、32,246,137 元相对应,薛某共支付 146,540,395 元。2009 年 7 月 13 日、7 月 21 日,上述 146,540,395 元的汇款凭证上均由丙公司财务经理注明“收购款”等银行汇款凭证相印证。

(4)2009 年 11 月 23 日杨某接受溧阳市公安局城南派出所对其询问时称:“当时陆某一没有资金,也没有收购意愿,连他自己在甲房地产公司的 15% 股份也转给了我(有陆某写的转让书)。再说,当时房地产市场不好,开发企业的资金普遍紧张,如果不是薛某自己收购的,薛某不可能帮陆某高利息融巨资购股权。薛某为什么要以陆某名义收购甲房地产公司的股份？当时薛某的前妻与他打离婚官司，他怕被查封财产……”上述所涉事实有以下证据为证：2009 年 3 月 13 日，陆某向杨某出具的一份《转让书》载明，“陆某在江苏甲房地产公司持有 15%（本金 27,000,000 元人民币）股份，同意转让给杨某，付款日期由杨确定”；2009 年 5 月 26 日，因原告黄某起诉被告薛某离婚纠纷，江苏省常州市中级人民法院作出（2009）常民一初字第 18 号民事裁定，查封、冻结被告薛某名下的股权及房屋所有权。

4. 2008 年 8 月 23 日，甲房地产公司的名义股东丁公司与薛某已达成股权转让的意向。丁公司委托人陈某向薛某出具承诺书：“在薛某履行所作承诺，按期付清乙市场发展公司西侧地块国有土地使用权受让款后，本人作为丁公司委托人，承诺将上述地块土地使用权及甲房地产公司股权经合法手续转让给薛某，并协助薛某办理相关转让手续。若违此承诺，愿支付 5,000,000 元违约金给薛某。特此承诺。”同日，薛某亦出具承诺书：“乙市场发展公司地块（321 亩）我愿意收购（转让）同意按原价加工商行贷款利率转让（缴政府数额为准），时间为一个月内。”

5. 2009 年 5 月 21 日，薛某向甲房地产公司法定代表人陈某出具《委托书》，载明：“本人全权委托陆某前来办理收购贵公司 85% 股权转让事务，所有手续文书都以陆某名义办理。”正是有了这样的委托，在甲房地产公司的名义股东丁公司与薛某已达成股权转让意向的情况下，由陆某代薛某与陈某于 2009 年 5 月 23 日签订了《收购股权书》，因此，薛某手中持有该《收购股权书》原件，而陆某不能提供上述协议书原件。

6. 陆某关于其系向薛某借款自主受让股份的抗辩主张证据不足，难以采信。

（1）2009 年 3 月 13 日，陆某向杨某出具《转让书》一份，载明：“陆某在甲房地产公司持有 15%（本金 27,000,000 元人民币）股份，同意转让给杨某，付款日期由杨确定。”说明当时陆某既没有足够的资金，也没有收购甲房地产公司股权意愿，甚至与杨某达成将其在甲房地产公司 15% 股权转让杨某的承诺。然而，2009 年 5 月 23 日，陆某即与陈某签订《收购股权书》，约定由陆某支付巨额款项收购甲房地产公司 85% 股权。

（2）众所周知，2009 年 5 月，当时房地产市场不景气，房地产开发公司的资金普遍紧张，如果不是薛某自己收购股份，难以理解薛某会帮陆某高利息在短时间内融巨资收购股权。

（3）根据一审法院调取的江苏省溧阳市人民法院（2010）刑二初字第 128 号陆某涉嫌非法倒卖土地使用权罪案件中同步录音录像资料，2010 年 3 月 7 日 2:06:37 溧阳市公安局对陆某讯问时，关于甲房地产公司股权收购问题，陆某明确确认"我心里有小九九，我至多出 5,000,000 元，假如有（薛某所称能融资的）这笔钱，那我就帮你（薛某）收过来"。

（4）陆某明确确认"薛某与我一起在外人面前，薛某称甲房地产公司股权是薛某收购时，我没有否认过，但内情其实是借款，只有我和老薛知道。之所以未当面在外人面前否认，是为了维护薛某的面子"。

（5）与本案各方均无利害关系的证人赵某在 2009 年 11 月 23 日接受溧阳市公安局询问时，称"今年 7 月，陆某要把乙市场发展公司西侧地块转让给我们公司，我才认识陆某的。之前，他和我的合伙人葛某比较熟悉……7 月 30 日……当时是我、陆某、葛某等在中央电视台的美地亚宾馆的一个房间说的，主要是葛某和陆某说的。当时葛某问陆某该地块股权（实际是一个公司取得的开发权，转让的是公司股权）是否有其他问题，陆某说薛某已购买了股权，但只付了 48,000,000 元转让金，钱还没付清。我们说这样不行，你应该把和薛某的事了清后再和我公司说。陆某说没有什么问题，薛某支付购买金是通过他（陆某）在溧阳的一个侄子。没有和他（陆某）办书面手续。我们答复他一定要先把和薛某的事情了清，并说假如薛某不要或者没有钱了，我们再收购股权……"赵某和葛某的证词亦能互相印证，能够证明，葛某、赵某为具有收购甲房地产公司股权意向的收购人，曾经同陆某谈及收购甲房地产公司股权事宜。2009 年 7 月 30 日葛某、赵某去北京与陆某洽谈收购股份事宜，其间，陆某明确表示薛某隐名持有甲房地产公司48,000,000 元股份的事实，二人之间没有书面手续。

（6）薛某支付股权转让款时，均由其投资的丙公司财务经理在银行汇款凭证上注明“收购款”的行为，能够证明薛某支付款项的目的是收购甲房地产公司股权；股权转让款支付后，薛某委派财务人员保管甲房地产公司财务印章和财务资料的事实亦能证明，薛某与股东陆某之间存在非同一般的借款关系。虞某所称陆某收购甲房地产公司股权资金系向薛某借款，仅是听陆某所说，系传来证据，在与其他证据明显矛盾的情况下，不足采信。综上所述，虽然薛某与陆某之间没有签订委托收购甲房地产公司85%股权，并代为持有股权的书面协议，但根据本案现有证据，能够认定薛某和陆某之间确实存在薛某委托陆某收购股权并且代持股权的关系，应予以确认。陆某辩称其仅是向薛某借款用于收购甲房地产公司股权，证据不足，不予采信。薛某委托陆某代为收购并持有第三人甲房地产公司股权不违反法律禁止性规定，合法有效。

根据现有证据，不足以证明乙市场发展公司与陆某恶意串通，损害薛某利益，乙市场发展公司为善意受让人。薛某主张确认陆某与乙市场发展公司签署的《股权转让协议》无效，陆某办理股权回转登记、第三人甲房地产公司配合履行股权变更义务的诉讼请求，缺乏法律依据，应不予支持。理由是：

1. 2011年《公司法司法解释(三)》第26条第1款规定，“名义股东将登记于其名下的股权转让、质押或者以其他方式处分，实际出资人以其对于股权享有实际权利为由，请求认定处分股权行为无效的，人民法院可以参照物权法第一百零六条的规定处理”。根据《物权法》第106条的规定，虽然陆某无权处分薛某委托其代为收购、持有的85%甲房地产公司股份，但并无证据证明乙市场发展公司受让该股权为恶意受让，乙市场发展公司是以合理价格受让，且已依照法律规定进行工商变更登记，故乙市场发展公司为善意受让人。2012年《最高人民法院关于审理买卖合同纠纷案件适用法律问题的解释》第3条第1款也规定，“当事人一方以出卖人在缔约时对标的物没有所有权或者处分权为由主张合同无效的，人民法院不予支持”。

2.《房地产管理法》第38条关于房地产流转的限制性规定不适用于本

案。即使《房地产管理法》第38条规定可适用,其性质亦属于管理性强制性规定而非效力性强制性规定,根据2009年《合同法司法解释(二)》第14条"合同法第五十二条第(五)项规定的'强制性规定',是指效力性强制性规定"的规定,并不导致上述《股权转让协议》无效。

名义股东处分股权造成实际出资人损失,应承担相应的民事赔偿责任,但薛某主张陆某、乙市场发展公司向其共同承担连带赔偿责任,无法律依据。2011年《公司法司法解释(三)》第26条第2款规定:"名义股东处分股权造成实际出资人损失,实际出资人请求名义股东承担赔偿责任的,人民法院应予支持。"根据陆某与乙市场发展公司签订的《股权转让协议》约定,陆某是在原股权收购价格基础上溢价50,000,000元转让甲房地产公司100%股权,其中10,000,000元为乙市场发展公司代扣代缴税,即税后陆某净得利益40,000,000元。因陆某自身原有甲房地产公司15%股份,薛某因陆某的违约行为而损失利益为34,000,000元,陆某已实际支付薛某损失4,459,605元,陆某还应赔偿薛某损失29,540,395元。

薛某要求赔偿其前期投入和延期开发损失以及融资损失共计100,000,000元无事实依据,不应支持。

1. 关于前期投入损失,相关房地产前期策划定位合同、施工合同等实际上均是甲房地产公司作为合同当事人签订,产生的费用均由甲房地产公司承担,与薛某无关,不能据此计算薛某的前期投入损失。

2. 关于延期开发损失,因陆某、乙市场发展公司和甲房地产公司均对2009年8月30日《建设工程施工合同》的真实性持有异议,薛某在不能提供2009年8月30日签订该施工合同前,甲房地产公司应当取得的施工许可证以及相应的设计图,应当认定2009年8月30日《建设工程施工合同》不真实,而并不存在所谓延期开发问题。

3. 关于薛某的融资损失问题,根据薛某所投资的丙公司2010年5月20日委托会计师事务所出具的溧众会审(2010)400号《审计报告》,计算至2010年9月30日,产生借款利息损失18,381,200元。事实上,陆某已于2009年9月4日归还薛某156,000,000元,陆某在支付薛某本金151,540,395

元外还另支付4,459,605元。因此,上述审计报告所评估的利息损失没有事实依据,不足为凭。上述陆某所支付的29,540,395元损失赔偿已足以弥补薛某所主张的融资成本损失和律师代理费损失。

基于上述,一审江苏省高级人民法院作出判决:(1)由陆某偿付薛某损失29,540,395元;(2)驳回薛某其他诉讼请求。

■ **二审最高人民法院**

关于薛某与陆某之间法律关系的性质。虽然薛某与陆某之间未签订委托收购股权并代持股权的书面合同,但薛某向陆某汇付款项的事实客观存在。对该笔款项的性质,陆某虽然主张为借款,但未能提供任何证据证明。一审判决综合全部案件事实,依据优势证据原则认定双方之间存在薛某委托陆某收购股权并且代持股权的关系,理据充分,并无不当。陆某就此提起上诉,但提供的证据不足以否认一审判决的认定,法院对陆某的该项上诉主张不予支持。

关于陆某与乙市场发展公司签订的《股权转让协议》效力问题。基于前述,陆某与乙市场发展公司签订《股权转让协议》,转让本案争议股权的行为构成无权处分。2012年《最高人民法院关于审理买卖合同纠纷案件适用法律问题的解释》第3条第1款规定:"当事人一方以出卖人在缔约时对标的物没有所有权或者处分权为由主张合同无效的,人民法院不予支持。"根据上述规定,薛某主张陆某与乙市场发展公司签订的《股权转让协议》无效,无法律依据,法院不予支持。此外,在薛某未能提供充分证据证明陆某与乙市场发展公司存在恶意串通损害其利益的情况下,亦不能因此否认案涉《股权转让协议》的效力。

薛某主张,案涉《股权转让协议》实质是以股权转让形式实质转移土地使用权的行为,系以合法形式掩盖非法目的,应认定为无效。法院认为,公司股权转让与作为公司资产的土地使用权转让为两个独立的法律关系,法律并无效力性强制性规定禁止以转让房地产项目公司股权形式,实现土地使用权或房地产项目转让的目的。薛某的该项主张无法律依据,法院不予支持。

关于薛某诉请陆某办理股权回转登记,并由甲房地产公司配合履行变更义务是否有事实和法律依据的问题。陆某系记载于股东名册上的甲房地产公司股东,乙市场发展公司与其签订《股权转让协议》受让其股权,并已依照法律规定办理了变更登记。在本案中,薛某并未能提供充分证据证明乙市场发展公司受让该股权时存在恶意以及股权转让价格不合理的行为。参照《物权法》第 106 条第 1 款规定,薛某主张办理股权回转登记,并由甲房地产公司配合履行变更义务,理据不足,法院不予支持。但参照该条第 2 款规定,薛某作为案涉股权的实际权利人,有权向无权处分人陆某请求赔偿损失。薛某虽然在本案一审中就一审判决第 1 项所判损失并未提出明确的诉讼请求,但法院认为,应客观全面地分析当事人的诉讼目的,准确理解当事人的诉讼请求。本案中,虽然薛某要求办理股权回转登记的诉讼请求无法得到支持,但原判决在综合全部案情基础上,为公平保护双方当事人利益,判令陆某返还薛某案涉股权交易溢价款的相应对价 29,540,395 元,符合本案实际,并无不当,法院予以维持。

基于上述,二审最高人民法院根据 2012 年《民事诉讼法》第 170 条第 1 款第 1 项之规定,判决:驳回上诉,维持原判。

焦点问题评析

(一)关于股东资格的审查标准

就确认股东资格的审查标准而言,《公司法司法解释(三)》确立了两个审查要点:第一,实际出资人是否实际出资;第二,实际出资人与名义股东是否存在代持合意。事实上,股权出资往往是大额资金,股东一般都会采用银行转账的方式完成出资。因此,资金的流转路径其实相对较容易查明,是否实际出资往往并不是该类案件审查的难点。真正的难点在于如何在没有书面股权代持协议时,确定双方股权代持的合意。

本案中,薛某主张其委托陆某收购甲房地产公司股权并代为持有,而陆某主张双方之间系借贷法律关系。法院主要通过以下证据认定薛某与陆某之间存在股权代持法律关系:①股权转让过程中的亲历者和知情人的证人证言;②薛某受让股权时与股权转让方达成的书面股权转让意向、薛某委托陆某并以陆某名义办理股权转让事宜的《委托书》;③股权转让方出具的其知悉陆某系受薛某委托代持股权的证明;④薛某持有陆某与股权转让方签署的《收购股权书》原件;⑤薛某向陆某支付出资款的相关财务凭证;⑥薛某委派人员担任甲房地产公司财务人员并保管财务印章和财务资料。

(二)关于证据证明力的认定

无论是一审法院还是二审法院,均说明其是综合案件事实,根据双方提供的证据证明力大小作出存在股权代持法律关系的认定。一方当事人所提供的证据在法官的内心深处所呈现的可能性要大于另一方当事人所提供的证据所能够支持的可能性,即可在诉讼上形成高度盖然性的证明状态。

需要注意的是,采纳证据要重点关注证据的质量而非仅仅数量。证据的质量是指证据所产生的盖然性以及证明力的大小,是对证据与待证事实的关联性能否成立的说服力。[①] 证据证明力的大小、关联性的高低、证据质量优劣的判断应当属于法官自由裁量权范围之内。本案中,薛某所提交的几类证据均与甲房地产公司设立、运营以及其股权代持直接相关。相反,陆某虽然抗辩其与薛某的资金往来系因两人之间存在借款关系,但对如此高额的资金往来却未提交任何形式的借款协议甚至证人证言。无论从证据类型、数量还是证据本身呈现的双方股权代持安排来看,薛某的证据优势要显著优于陆某,所提供的证据的证明力更强,盖然性更高,一审、二审法院均因此而相信薛某与陆某之间存在股权代持关系,作出有利于薛某的裁判。

实践中,在无书面股权代持协议的情况下,高度盖然性原则的适用已经成为必然。这就要求当事人在了解法院关注重点的前提下,有效提交高质量的证据。然而,对于隐名股东而言,真正关键性证据需要在进行股权代持安排之初就予以收集,即便因为特定原因未签订书面股权代持协议,隐名股

① 参见蔡彦敏:《从 O. J. 辛普森刑民案件评析美国诉讼制度》,载《中外法学》1998 年第 3 期。

东也应尽可能地保留与名义股东之间的沟通记录、实际管理公司的资料等证据，必要时邀请他人进行见证。如此，才更有可能具有更强的证明力，达到高度盖然性的标准。

案例三

以口头方式委托代持也可认定双方存在代持关系

——张某、甲公司与赵某、刘某、池某股东资格确认纠纷案评析

实际出资人采取股权代持，往往出于规避法律法规的限制或禁止性规定，或避免财富外露等目的，未签订代持协议。仅以口头方式委托对方代持股权或为对方代持股权。但当投资期待利益可实现时，很可能会出现名义股东否认股权代持关系的风险。

实践中，法院认为股权代持协议表现形式不仅包括书面形式、口头形式，而且包括事实合意形式，即双方之间虽然没有书面或口头约定，但是如果以其行为表明了此种合意，仍应认定股权代持关系的存在。在涉及登记股东与实际出资人内部投资权益归属争议时，应当考量实质争议，依据出资事实、当事人的真实意思表示等实质要件认定二者之间的法律关系。

裁判要旨

实际出资人实际参与了公司的经营事项，并不必然证明其向公司出资的事实。法院结合本案证据，证明实际出资人与公司之间存在资金投入关系。实际出资人与名义股东主张双方之间存在口头协议，并约定由实际出资人投资，由名义股东进行经营组建公司，其他股东对代持情况亦知情，因此结合全案证据可以认定确实存在口头股权代持协议。

争议焦点

1. 何种程度的证据可以证明已实际出资？

2. 法院判定双方存在口头代持协议的证据标准是什么?

案情概要

(一)基本案情

1. 案例索引

案号:(2016)最高法民申653号、(2015)辽民二终字第00327号、(2014)阜民三初字第77号

案由:股东资格确认纠纷

审理法院:最高人民法院(再审)、辽宁省高级人民法院(二审)、辽宁省阜新市中级人民法院(一审)

裁判时间:2016年4月21日(再审)

2. 案件基本事实

甲公司工商登记的股东为赵某与池某,甲公司的注册资金及土地出让金、设备款项均为张某所支付。张某认为自甲公司设立伊始,其与赵某、池某之间就存在口头股权代持协议,但池某矢口否认有任何形式的代持协议,双方遂诉至法院。

原被告在一审中的主张:

张某(一审原告、二审上诉人、再审被申请人)主张,2009年5月,张某通过赵某在阜新以赵某和池某作为名义股东即股份代持人成立了甲公司。该公司注册资本1000万元,实缴300万元。工商登记显示,赵某出资153万元,占股权比例51%,池某出资147万元,占股权比例49%,但实际该300万元出资及2009年公司从筹备至今,甲公司所有出资均为张某一人出资,全部由张某履行,赵、池二人并未实际出资。后张某对于自己对甲公司的权利感到不安,于2011年要求赵某将其所占有的名义上的全部股权转让给刘某,但池某以各种理由拒不交出股权。张某起诉请求确认张某为甲公司的唯一股东,依法享有该公司的各项股东权利,否认池某、刘某的甲公司股东资格;本案诉讼费由甲公司、池某、刘某、赵某承担。

池某(一审第三人、二审被上诉人、再审申请人)主张,张某的诉讼请求

缺乏充分有效的法律根据，应依法驳回。现有证据即甲公司的工商注册档案表明，池某实际出资 147 万元，占公司股权的 49%，池某是公司的实际出资人，张某所说池某不是出资人没有充分有效的事实依据。

(二)法院观点及判决

■ 一审辽宁省阜新市中级人民法院

当事人对股东资格发生争议时，人民法院应当结合公司章程、股东名册、工商登记、出资情况、出资证明书、是否实际行使股东权利等因素，充分考虑当事人实施民事行为的真实意思表示，综合作出判断。本案中，张某虽举证证实其与甲公司原法定代表人赵某之间有巨额资金往来，但不能排除双方之间系债权债务关系，张某亦未举证证明除出资以外，还直接参与了公司的建设、重大决策等事宜。刘某、赵某出具的情况说明系当事人陈述，还应有相关证据加以佐证。即使按赵某所言，其与张某之间有口头约定，张某将资金交付给赵某是出资行为，但其陈述也说到是在公司注册之后几个月才把赵某与池某注册成立甲公司的情况告诉张某，不合情理。故张某之诉讼请求，证据不足。

基于上述，一审辽宁省阜新市中级人民法院依照 2013 年《公司法》第 4 条、2012 年《民事诉讼法》第 64 条之规定，判决：驳回张某的诉讼请求。

■ 二审辽宁省高级人民法院

首先，张某自 2009 年 4 月 20 日至 2013 年 6 月 27 日，通过银行汇款形式将 2428 万元汇入赵某银行卡内，该款项中 700 万元于 2009 年 4 月 24 日、5 月 22 日返还给张某。对于 700 万元以外的款项，一审法院认为不排除双方之间系债权债务关系。但是，张某、赵某从始至终主张双方之间除 100 万元为借款外，其他款项均系张某通过赵某投入到甲公司用于公司的筹备建设。对此，刘某亦明确甲公司全部由张某个人出资，共计约 1800 万元。根据原审查明事实，2009 年 4 月 28 日，高新区管委会与甲公司签订了一份《协议书》，“高新区管委会同意甲公司在高新区建设年加工 15 万吨花生项目，计划总投资 9580 万元，于 2009 年 6 月开工建设，2010 年 11 月完工投入生产”，并约定“签订协议之日，甲公司应缴纳项目执行保证金 500 万元，公司取得《国有建设用地使用权出让竞买成交确认书》后，该保证金自动转为土地出让金”。张某汇给赵某款项的时间，与上述《协议书》中约定的甲公司在高新区建设加工花生项目的时间相吻合。同时，二审中张某提供的银行转款凭证等证据显示，张某于 2009 年 4 月 20 日上午 9 时许通过中国建设银行汇至赵某账户 370 万元，上午 11 时许，赵某将该款项汇入高新区财政局；2009 年 4 月 22 日赵某收到张某汇款 310 万元，次日，将该款项以转账方式付给高新区财政局。由此可以确认，张某汇入赵某账户的 680 万元款项均用于甲公司履行与高新区管委会间《协议书》约定的交付土地出让金事宜。对于张某付给赵某的其他款项，甲公司及赵某均确认用于甲公司的厂房建设及购置机械设备，其主张证明该事实的证据均载于公司账簿，并申请法院向实际控制该账簿的池某调取。对于一审法院提交甲公司全部账簿的要求，池某起初未提交亦未说明合理理由，后以其他账簿遗失为由仅提交了部分存在改动痕迹的传票，对传票上修改情况所作解释未能提供证据予以证明。因此，虽然张某除土地出让金外，其他投入甲公司的证据在款项经由赵某账户投入甲公司的环节存在断裂，但在张某、赵某均主张该证据载于甲公司账簿并要求池某提供该账簿时，池某没有合理理由未能提供全面、完整的账簿。因此，根据 2008 年《最高人民法院关于民事诉讼证据的若干规定》第 75 条“有证据证明一方当事人持有证据无正当理由拒不提供，如果对方当事人主张该证据的内容不利于证据持有人，可以推定该主张成立”的规定，可以推定张某的主张成立，故应当认定张某汇入赵某账户内的除返还的 700 万元及 100 万元借款外的其他款项，均通过赵某投入到了甲公司。甲公司的注册资金即赵某和池某的出资款，虽据划款凭证记载来源于高新区财政局拨付的扶持资金，但根据高新区管委会与甲公司间的《协议书》内容，高新区财政局于 2009 年 5 月 20 日向甲公司拨付 300 万元时，甲公司尚未成立，亦未达到《协议书》中约定的政府拨付扶持资金的条件。因此，该 300 万元实质系高新区财政局基于赵某将张某汇款投入甲公司交付土地出让金后，高新区以拨付扶持资金名义返还的款项，且即使符合拨付扶持资金条件，政府划拨的扶持资金也应属于对公司进行实际投资、使公司固定资产达到政府划拨扶持资金条件的投资人。本案中,池某虽否认张某系实际出资人,但未能提供有效证据予以证明,而对于其出资的 147 万元的来源,起初称系乙公司的款项,后改称系政府的扶持资金,其始终未能提供向甲公司进行实际出资或其他投入的证据。

其次,张某、原甲公司法定代表人赵某从始至终主张双方存在口头协议,约定由张某投资,赵某经营组建甲公司;赵某找到池某一起注册公司时,其向张某做了汇报,张某虽表示担心但未反对;甲公司现任法定代表人刘某亦在一审、二审庭审中始终确认,其在进入公司前就知道张某是甲公司的实际出资人,其进入公司同赵某、池某等一样也均未出资,均为甲公司的挂名股东;赵某、刘某同时确认刘某任甲公司法定代表人亦系张某的安排。赵某与池某同为乙公司股东,赵某与张某亦系合作伙伴关系,赵某与池某、张某间具有同等的利害关系,而赵某、刘某所作陈述显然对己不利。而且,前述证据所证明的池某等人均未对甲公司进行任何投入的事实,能够与赵某、刘某关于甲公司均系张某个人投入的陈述相印证。故赵某、刘某的相关陈述,应予确认。另外,法院二审中查明,池某没有参加筹备组建甲公司第一次临时股东大会,其本人未在该股东会决议上作为股东进行签名;设立甲公司的工商手续均为赵某办理,池某亦从未参与;且在公司章程上的股东池某的签名亦非其本人所签。因此,根据 2008 年《最高人民法院关于民事诉讼证据的若干规定》第 66 条关于"审判人员对案件的全部证据,应当从各证据与案件事实的关联程度、各证据之间的联系等方面进行综合审查判断"的规定,虽然张某未能提供书面隐名投资协议,但结合张某款项通过赵某实际投入到甲公司启动公司运转,赵某、池某及刘某均未对公司进行任何出资,赵某、刘某在本案中自始至终一致的陈述及池某否认上述三人主张而没有证据证明的事实,法院对张某关于其与赵某、池某等人间存在口头隐名代持股份协议的主张,予以采信。

因此,综合上述事实能够认定,张某与赵某、池某等人存在隐名持股协议,张某通过赵某投入到甲公司的全部款项均系其对甲公司的实际投入,一审法院认为该款项不排除双方间存在债权债务关系,缺乏事实和法律依据。

2014年《公司法司法解释(三)》第24条第2款规定:“前款规定的实际出资人与名义股东因投资权益的归属发生争议,实际出资人以其实际履行了出资义务为由向名义股东主张权利的,人民法院应予支持。名义股东以公司股东名册记载、公司登记机关登记为由否认实际出资人权利的,人民法院不予支持。”由于甲公司的实际投资人系张某,张某作为甲公司的唯一出资人,主张享有甲公司100%股权,法院予以支持。

基于上述,二审辽宁省高级人民法院认为,原审判决认定事实基本清楚,但适用法律错误。依照2012年《民事诉讼法》第170条第1款第2项之规定,判决如下:撤销阜新市中级人民法院(2014)阜民三初字第77号民事判决;确认张某享有甲公司100%股权。

■ **再审最高人民法院**

本案中,二审法院已经查明,池某没有参加筹备组建甲公司第一次临时股东大会,其本人也未在该股东会决议上作为股东进行签名;设立甲公司的工商手续均为赵某办理,池某亦从未参与;公司章程上的股东池某的签名亦非其本人所签。池某在申请再审中提供的2009年9月22日参加股东协议的签章、2012年12月18日由其授权张某波办理向阜新银行中银支行申请固定资产的借款合同、股东会议决议签名的证据及2012年12月19日再审申请人为该笔借款主合同承担保证责任的保证合同的签名证据,旨在证明其参与了甲公司的经营事项,但并不必然证明其向甲公司出资的事实,名义股东亦可实施上述行为,也不能以此对抗实际出资人对公司股权及其资格的各项主张。

对于再审申请人池某提出的二审判决认定张某为公司实际投资人与事实不符的主张,根据一审法院已经查明的事实,张某自2009年4月20日起至2013年6月27日,通过银行汇款的形式,将2428万元汇入赵某银行卡内,赵某于2009年4月24日、5月22日返还张某700万元,除2009年12月13日、21日、22日、25日,赵某以收玉米借款之事由,向张某借款100万元以外,其他款项均系张某通过赵某投入到甲公司用于公司缴纳土地出让金、建设厂房及购置机械设备的筹备建设。刘某亦明确甲公司全部由张某个人出资,共计约1800万元。因此再审申请人池某主张的张某与原公司股东赵某之间的借贷关系,仅存在于100万元玉米款中,其余款项均属于被申请人张某对甲公司的资金投入。另外,一审中,甲公司及赵某主张证明该事实的证据均载于公司账簿,并申请法院向实际控制该账簿的池某调取。一审法院据此要求池某提交甲公司的全部账簿,池某没有提交,也未向法院说明不能提交账簿的正当理由;第二次庭审时,池某以其他账簿遗失为由仅提交了存在多处修改痕迹的会计传票,其对传票上存在的改动情况所作解释未能提供证据予以证明。二审法院根据2008年《最高人民法院关于民事诉讼证据的若干规定》第75条"有证据证明一方当事人持有证据无正当理由拒不提供,如果对方当事人主张该证据的内容不利于证据持有人,可以推定该主张成立"的规定,推定张某的主张成立,认定张某汇入赵某账户内的除返还的700万元及100万元借款外的其他款项,均已通过赵某投入到甲公司。二审法院对此问题的认定并无不当,这进一步证明了被申请人张某与甲公司之间存在资金投入关系。

张某、原甲公司法定代表人赵某从始至终主张双方存在口头协议,并约定由张某投资,赵某经营组建甲公司;赵某找到池某一起注册公司时,其向张某做了汇报,张某虽表示担心但未反对;甲公司现任法定代表人刘某亦在一审、二审庭审中始终确认,其在进入公司之前就知道张某是甲公司的实际出资人,其进入公司同赵某、池某等一样也均未出资,均为甲公司的挂名股东;赵某、刘某同时确认刘某任甲公司法定代表人亦系张某的安排。赵某与池某同为乙公司股东,赵某与张某亦系合作伙伴关系,赵某与池某、张某间具有同等的利害关系,而赵某、刘某所作陈述显然对己不利。而且,前述证据所证明的池某等人均未对甲公司进行任何投入的事实,能够与赵某、刘某关于甲公司均系张某个人投入的陈述相互印证。二审法院对赵某、刘某的相关陈述予以确认,以及根据2008年《最高人民法院关于民事诉讼证据的若干规定》第66条关于"审判人员对案件的全部证据,应当从各证据与案件事实的关联程度、各证据之间的联系等方面进行综合审查判断"的规定,对被申请人张某与赵某、池某等人间存在口头股权代持协议的主张,予以采信,并无不当。口头股权代持协议不违反法律规定,其效力应予确认。

同时,二审法院已经查明,2009 年 4 月 20 日上午 9 时许,张某通过中国建设银行汇至赵某账户 370 万元,同日上午 11 时许,赵某将款项汇入高新区财政局;2009 年 4 月 22 日赵某收到张某汇入款项 310 万元,4 月 23 日,赵某将款项通过转账方式付给高新区财政局。2009 年 5 月 20 日,高新区财政局将 300 万元以扶持资金的名义付至甲公司账户;5 月 25 日,甲公司将上述 300 万元自其临时账户向阜新通宝科技实业有限公司开出 300 万元转账支票,同日,阜新通宝科技实业有限公司将该款项以现金提出,随后以赵某、池某投资款名义存入甲公司验资账户。此事实可以确认,张某汇入赵某账户的 680 万元款项均用于甲公司履行与高新区管委会间《协议书》约定的交付土地出让金事宜,而高新区财政局付至甲公司账户的 300 万元实质系基于赵某将张某汇款投入甲公司交付土地出让金的资金投入后,才以拨付扶持资金名义返还的款项,这是政府对公司进行实际投资、使公司固定资产达到划拨扶持资金条件的投资人的肯定,而甲公司的资金投入主要来源于被申请人张某。再审申请人池某虽否认张某系实际出资人,但对于其主张出资的 147 万元的来源却无法证实。一审时,池某起初主张其对甲公司的出资是乙公司的款项,后又主张乙公司作为出资人与赵某一起筹建甲公司,但均未能提供证据予以证明。二审中,又改称其出资源于政府向甲公司拨付的扶持资金。再审申请中,其又主张甲公司办理工商登记注册资本金的来源系阜新高新区财政局于 2009 年 5 月 20 日向甲公司拨付的扶持资金,其始终未能提供其本人向甲公司进行实际出资或其他投入的证据,不能证明其对甲公司有合理的出资意愿和出资事实,由此不能证明其为甲公司的实际出资人。因此,再审申请人池某主张二审判决认定张某为公司实际投资人与事实不符的理由不能成立,对其该项主张,法院不予支持。

由于甲公司的实际投资人系张某,张某作为甲公司的唯一出资人,享有甲公司 100% 股权,池某系名义股东。二审法院援引《公司法司法解释(三)》第 24 条第 2 款规定,适用法律正确。对再审申请人池某提出的二审法院适用法律错误的主张,法院亦不予支持。

基于上述，再审最高人民法院认为，再审申请人池某所提出的再审申请并不符合2012年《民事诉讼法》第200条第1项、第2项、第6项规定之情形，根据2012年《民事诉讼法》第204条第1款之规定，裁定驳回池某的再审申请。

焦点问题评析

本案一审法院认为，张某虽举证证实其与甲公司原法定代表人赵某之间有巨额资金往来，但不能排除双方之间系债权债务关系，张某亦未举证证明除出资以外，还直接参与了公司的建设、重大决策等事宜。基于此，一审法院认为张某、池某之间股权代持关系不成立。但是，到了二审阶段，二审法院查明池某没有参加筹备组建甲公司第一次临时股东大会，其本人未在该股东会决议上作为股东进行签名；设立甲公司的工商手续均为赵某办理，池某亦从未参与；且在公司章程上的股东池某的签名亦非其本人所签。该等事实结合证人证言以及张某的资金流向，最终法院认定张某系实际出资人，并与池某之间存在股权代持关系。

（一）隐名股东是否实际出资的认定

关于张某是否实际出资问题。张某自2009年4月20日起至2013年6月27日，曾多次将款项汇入赵某银行卡内，赵某也曾返还张某700万元。通过结合《协议书》中约定的甲公司在高新区建设加工花生项目的时间，以及赵某的证人证言，法院确认上述款项中的绝大部分系张某通过赵某投入到甲公司用于公司缴纳土地出让金、建设厂房及购置机械设备的筹备建设。刘某亦明确甲公司全部由张某个人出资，共计约1800万元。在此情况下，法院即综合认定张某对甲公司实际出资。

值得注意的是，池某掌握有公司账簿，其对于实际出资的事实认定有重大影响。一审法院曾要求池某提交甲公司的全部账簿，池某并未提交，也未说明不能提交的正当理由。此后，池某甚至提交了存在多处修改痕迹的会计传票。池某的该等行为导致法院依据2008年《最高人民法院关于民事诉讼证据的若干规定》第75条之规定，推定张某的主张成立。法院在此适用的是证明妨害规则。所谓证明妨害，又称证明妨碍、举证妨碍，其基本含义是负有客观举证责任的一方当事人虽然已经尽到最大努力收集并提出证据，但由于对方当事人故意或过失地损毁、隐匿相关证据等妨碍行为，最终导致了真伪不明的结果。这种情形下如果仍然按照客观举证责任的分配，判处负有客观举证责任的当事人一方败诉的话，显然是不公平的。在这种情况下，要求实施妨害行为的当事人承担不利的后果成为必要的程序设计。①

我们理解，对于出资问题，仅涉及隐名股东和显名股东内部法律关系，所以，法院需要查清出资资金的走向，查明款项的流转。仅仅有标的公司银行账户的收款凭证或者验资报告等外部表面证据，不足以证明资金的来源、流转等全过程。因此，出资走向的过程性文件，诸如银行转账凭证等就是证明资金来源的核心文件之一。

（二）是否存在口头协议的认定

关于是否存在口头协议的问题。法院据以认定存在口头协议的事实包括：注册甲公司时，赵某曾向张某汇报，张某虽表示担心但未反对；甲公司现任法定代表人刘某亦在一审、二审庭审中始终确认，其在进入公司之前就知道张某是甲公司的实际出资人，其进入公司同赵某、池某等一样均未出资；赵某、刘某同时确认刘某任甲公司法定代表人系张某的安排。在池某、赵某同为甲公司登记股东，赵某又系张某合作伙伴的情况下，赵某与池某、张某间具有同等的利害关系。这里法院详细论述了赵某和刘某证人证言的效力问题。与案件有利害关系的证人的证言和与案件无利害关系的证人的证言相比，前者的证明力不如后者的证明力强大。这就要求当事人注意，如果有多名证人可以作证的话，要首选与案件无利害关系的人出庭作证，尽可能提高有利于本方的证据的证明力。②

我们理解，对于股权代持法律关系，选择口头协议还是书面协议的形式

---

① 参见王亚新、陈杭平、刘君博：《中国民事诉讼法重点讲义》，高等教育出版社 2017 年版，第 110 页。

② 参见周继军主编：《民事证据规则适用》，中国民主法制出版社 2013 年版，第 63 页。

并非决定股权代持法律关系是否存在的决定性因素。法院认定是否存在股权代持法律关系，是综合全案证据来整体认定的。诸如公司设立的过程、日常经营管理的过程、公司财务管理或分红的过程、其他股东或高管的知悉情况等，必然会有相应证据互相印证。名义股东仅凭借需要由名义股东签字的文件或对外出具文件，不足以对抗其与隐名出资人之间的权利归属。

由于资金往来性质存在多种可能性，如委托投资、共同投资、赠与、借款、还款等，法院很难仅仅根据汇款凭据判断实际发生的事实及真实意思表示。因此，只有明确表明出资的性质方有可能形成较为完整的证据链并形成证据优势，在名义股东无法举证存在诸如借款、赠与、还款等关系时，法院推定隐名股东已实际出资的可能性较大。

案例四

是否实际行使股东权利可佐证存在股权代持关系

——彭某与甲美容公司、张某股东资格确认纠纷案评析

《公司法司法解释(三)》第22条、第23条、第24条规定的确认股东资格的标准为:是否实际出资、是否存在代持合意。但是,如果欠缺股权代持协议,实践中除了核查出资来源外,往往还会关注哪方实际行使了股东权利,继而推定是否存在代持合意。

股东权利包括共益权与自益权。共益权包括参与目标公司的运营以及管理等;自益权的目的实为基于股东身份而取得或要求取得个人利益。实际行使股东权利,是股东实际承担公司义务的基础,是股东身份的体现。尤其在有限责任公司中,在隐名股东与显名股东有代持合意的情况下,隐名股东通常会更关心公司的运营,同时由隐名股东实际享有和行使股东权利也是代持的应有之义。因此,是否实际行使股东权利对股东资格确认有着至关重要的影响。

裁判要旨

根据实际出资人与名义股东签订的协议书,名义股东并不实际参与公司的经营管理,公司的实际经营管理事宜由实际出资人处理,尽管公司注册资金系由名义股东缴纳,但其无法说明注册资金的来源,结合实际出资人出示的证据可以认定存在股权代持关系。

争议焦点

1. 何种证据足以确定实际出资人身份?

2. 实际行使股东权利是否可以侧面证明存在股权代持关系?

案情概要

(一)基本案情

1. 案例索引

案号:(2017)最高法民申 4748 号、(2017)川民终 219 号、(2015)成民初字第 2954 号

案由:股东资格确认纠纷

审理法院:最高人民法院(再审)、四川省高级人民法院(二审)、四川省成都市中级人民法院(一审)

裁判时间:2017 年 12 月 4 日(再审)

2. 案件基本事实

甲美容公司成立于 2007 年 7 月 20 日,注册资本 50 万元,张某系甲美容公司登记股东及法定代表人。甲美容公司曾与张某签署《协议书》,约定甲美容公司的所有事务、存款、债权债务与张某无关,张某不参与甲美容公司的所有经营管理;甲美容公司每月 10 日向张某支付固定款项 1200 元。彭某曾于 2007 年 7 月 3 日向田某账户转入 50 万元注册资金,当日指派张某等人一同将该 50 万元存入银行用于甲美容公司验资。但张某对该事实不予认可,其认为甲美容公司注册资金系其本人支付。双方就甲美容公司实际出资和股权归属产生争议,彭某遂向法院提起股东确认之诉。

原告、被告在一审中的主张:

彭某(一审原告、二审被上诉人、再审被申请人)向一审法院起诉请求:(1)确认彭某系甲美容公司实际投资者及股东;(2)判令张某将其名下甲美容公司 100% 的股权及法定代表人变更登记至彭某名下;(3)判令张某、甲美容公司赔偿彭某经济损失人民币 350 万元。

张某(一审被告、二审上诉人、再审申请人)主张:甲美容公司注册资本 50 万元系张某出资,张某应为实际出资人和真正股东。

（二）法院观点及判决

■ 一审四川省成都市中级人民法院

出资是股东应当履行的法定义务，因甲美容公司为一人有限责任公司，是否确认彭某为甲美容公司股东无须征得其他股东的同意，判断彭某是否为股东应当审查甲美容公司是否由其实际出资，以及认定其具有股东资格是否符合法律法规的相关规定。

关于彭某是否为甲美容公司的实际出资人。股权的取得通常应当签署公司章程、认缴出资、取得出资证明书、记载于股东名册和进行工商登记，但上述外观形式只是股权取得的形式要件。股权原始取得的基础是公司设立时向公司认购股份或者出资，并指示名义股东或实际参与公司的经营管理。本案中，虽然甲美容公司工商登记材料及公司章程中记载的股东为张某，但甲美容公司的股东资格的确认仍应当以实际出资为基础。张某主张甲美容公司注册资本 50 万元系其出资，但张某未说明其上述注册资本的来源。张某与甲美容公司签订的《协议书》中又明确约定了其与甲美容公司的所有事务、存款、债权债务无关，也不参与甲美容公司的所有经营管理。且甲美容公司实际依《协议书》之约定，每月向张某支付固定款项1200元，直至 2009 年 11 月 10 日。相反，彭某提交的汇款凭证及陈某鸣的证人证言等证据，可以认定甲美容公司的注册资本 50 万元系由彭某出资，张某系挂名股东。因此，彭某为甲美容公司的实际出资人。

甲美容公司经营过程中的权利享有者和义务承担者也为彭某，彭某实际行使了股东权利，也从另一个方面印证了甲美容公司实际出资人为彭某。根据公司章程第 10 条、第 11 条、第 12 条之规定，甲美容公司的股东有权决定公司经营方针和投资计划、批准公司财务预算方案和利润分配方案、按利润提取红利等，有义务缴纳出资、承担公司债务等。一审法院根据王某、陈某鸣的证人证言，认为甲美容公司的运营、财务、人事等经营中的重大事项均由彭某及其妻张某决定。甲美容公司为经营所需签订的《租赁合同》《装修合同》均由彭某决策并支付相应的款项。张某则明确认可其并未参与甲美容公司的经营，在公司成立之后也未向甲美容公司作过任何其他投资。

甲美容公司和张某主张其房屋租赁费用和装修费用均源于彭某芸以定金加上向他人借款的方式支付,但未提供相应的租赁合同和支付款项的证据予以佐证。

彭某作为我国台湾地区居民,其请求确认股东资格是否需要相关部门审批。本案中,因彭某为我国台湾地区居民,由其出资设立的企业属于台商投资企业。2016 年《台湾同胞投资保护法》第 8 条第 1 款规定,“设立台湾同胞投资企业,应当向国务院规定的部门或者国务院规定的地方人民政府提出申请,接到申请的审批机关应当自接到全部申请文件之日起四十五日内决定批准或者不批准”;第 14 条规定,“举办台湾同胞投资企业不涉及国家规定实施准入特别管理措施的,对本法第八条第一款规定的审批事项,适用备案管理。国家规定的准入特别管理措施由国务院发布或者批准发布”。彭某请求确认股东身份是否需要国务院规定的部门或者国务院规定的地方人民政府审批,应当考虑甲美容公司从事的经营范围是否属于国家规定实施准入特别管理措施的范围。根据中华人民共和国国家发展和改革委员会、中华人民共和国商务部《关于明确外商投资准入特别管理措施范围的公告》的规定,本案中甲美容公司从事的业务为美容业务,不属于国家规定实施准入特别管理措施的范围。因此,确认彭某的股东身份无须报行政审查机关批准。因此,根据《公司法司法解释(三)》第 22 条第 1 项、第 23 条、第 24 条第 1 款之规定,应确认彭某系甲美容公司的股东。

关于要求甲美容公司及张某将甲美容公司法定代表人变更为彭某的诉讼请求。一审法院认为,根据 2013 年《公司法》第 60 条关于“一人有限责任公司章程由股东制定”和第 13 条关于“公司法定代表人依照公司章程的规定,由董事长、执行董事或者经理担任,并依法登记。公司法定代表人变更,应当办理变更登记”的规定,一人有限责任公司法定代表人应由公司按照股东制定的章程决定,股东并不当然成为公司的法定代表人。因此,对彭某要求将其变更为甲美容公司法定代表人的诉讼请求,一审法院不予支持。

关于甲美容公司是否应当赔偿彭某经济损失 350 万元。彭某还主张因张某及甲美容公司拒绝向其分红,要求张某、甲美容公司向其赔偿经济损失

350 万元。一审法院认为，彭某未提供证据证明张某、甲美容公司拒绝向其分红且因此遭受了 350 万元的经济损失。因此，一审法院对彭某的相关主张不予支持。

基于上述，一审四川省成都市中级人民法院对彭某的诉讼请求部分予以支持。依照 2013 年《公司法》第 13 条、第 57 条第 1 款、第 60 条，2016 年《台湾同胞投资保护法》第 8 条第 1 款、第 14 条，2014 年《公司法司法解释（三）》第 22 条第 1 款、第 23 条、第 24 条第 1 款及第 3 款，2012 年《民事诉讼法》第 148 条第 1 款、第 2 款、第 3 款之规定，判决：(1)确认彭某为甲美容公司的股东；(2)张某、甲美容公司于本判决生效之日起 10 日内协助彭某办理甲美容公司股权变更手续；(3)驳回彭某的其他诉讼请求。

■ 二审四川省高级人民法院

张某上诉称甲美容公司是其与彭某芸合作设立，注册资本 50 万元系其出资，但本案诉讼期间，张某始终未说明其 50 万元注册资金的来源，且与 2007 年 7 月 3 日彭某向田某账户转入 50 万元注册资金并指派时任乙美容公司会计的王某在当日与彭某芸和张某一起前往银行存入 50 万元现金用于甲美容公司验资的事实相矛盾，故张某此理由无充分证据证明。张某所称设立甲美容公司的房屋租赁费用、装修费及设备家具等费用均源于彭某芸以其自有资金及向彭某以借款的方式支付的资金，却未提供相应的支付凭证及收款人的陈述等证据予以佐证。张某认为其为甲美容公司实际投资人和注册股东的事实已经由(2015)川民终字第 321 号民事判决予以确认的理由，经查，(2015)川民终字第 321 号民事判决未对彭某是否对甲美容公司实际出资的情况作出认定，故张某该理由也不成立。

从查明的事实审查，甲美容公司成立前，彭某先后在河南省郑州市开办乙美容公司、丙美容公司等企业。2007 年，彭某芸和田某到成都市筹备设立甲美容公司。2007 年 3 月 27 日，彭某向担任其特别助理的外甥田某个人账户转入 266,680 元作为设立公司的前期费用。同年 6 月 7 日，彭某芸向彭某报销找名义上法定代表人的“法人招待费”160 元。同年 7 月 3 日彭某又向田某账户转入50 万元注册资金，并指派时任乙美容公司的会计王某在当日与彭某芸和张某一起前往银行存入 50 万元资金用于甲美容公司验资。在公司设立过程中，彭某以设立人的身份对经营场所的租赁、装修及设备购买、安装等一系列设立事项进行了落实并支付费用 297 万余元。彭某还对公司的主要管理、工作人员从乙美容公司进行了调派，并委托他人完成公司设立的工商、税务等全部登记手续。张某被注册为甲美容公司的股东，获得公司注册程序上股东名义，取得对公司之外的对抗效力，但不必然对抗公司内部的股权争议。在《公司法》规定名义股东与实际出资人之间内部法律关系不违反法律禁止性规定为有效的情况下，本案彭某与张某的股权争议，还应当从公司实质性设立要件进行审查。本案中，彭某为甲美容公司经营过程中的权利享有者和义务承担者，实际行使了股东权利并承担了义务。张某明确认可其并未参与甲美容公司的经营，在公司成立时也未向甲美容公司作过任何其他投资。甲美容公司开业后，甲美容公司与张某签订《协议书》，约定张某与甲美容公司的所有事务、存款、债权债务无关，也不参与甲美容公司的所有经营管理，为此，甲美容公司每月向张某支付费用 1200 元。该《协议书》约定的内容证明了张某系甲美容公司挂名股东的事实。依照 2014 年《公司法司法解释（三）》第 24 条第 1 款、第 2 款“有限责任公司的实际出资人与名义出资人订立合同，约定由实际出资人出资并享有投资权益，以名义出资人为名义股东，实际出资人与名义股东对该合同效力发生争议的，如无合同法第五十二条规定的情形，人民法院应当认定该合同有效。前款规定的实际出资人与名义股东因投资权益的归属发生争议，实际出资人以其实际履行了出资义务为由向名义股东主张权利的，人民法院应予支持……”的规定，甲美容公司、张某上诉认为张某系甲美容公司股东的理由，与本案事实不符，不能成立。一审法院确认彭某为甲美容公司的股东并由张某、甲美容公司协助彭某办理股权变更手续的判决正确。

基于上述，二审法院判决驳回张某上诉请求，维持一审判决。

■ **再审最高人民法院**

《民事诉讼法司法解释》第 108 条第 1 款规定：“对负有举证证明责任的当事人提供的证据，人民法院经审查并结合相关事实，确信待证事实的存在具有高度可能性的，应当认定该事实存在。”彭某主张其为甲美容公司股东，有《协议书》、银行支付凭证、《房屋租赁合同》、证人证言等为证。其中，《协议书》载明，甲美容公司聘请张某为法定代表人，该公司所有事务、存款、债权债务与张某无关，张某不参与甲美容公司的所有经营管理，该公司每月向张某支付固定款项1200元。该协议书右侧还有张某和彭某的骑缝签字。上述证据能够证明，张某虽为甲美容公司法定代表人，但并不参与公司经营管理，公司店面房屋的租赁、装修等事宜是由彭某实际负责。公司注册资金虽然是由张某缴纳，但张某无法说明50万元注册资金的来源。彭某举示的银行凭证，能够证明其向田某转款50万元，且张某等人系于同日前往银行存入50万元用于公司验资。故二审法院认定彭某为甲美容公司出资人是正确的。张某提供的公安机关询问笔录表明，彭某芸与彭某之间有纠纷，且彭某芸及其子田某的证言均无其他证据佐证，不足以采信。

基于上述，再审法院裁定二审法院的认定并无不当，裁定驳回张某的再审申请。

焦点问题评析

（一）是否实际出资是审理代持案件的先决步骤

本案彭某与张某之间并无书面代持协议，而在张某与甲美容公司签订的《协议书》中，明确约定张某与甲美容公司的所有事务、存款、债权债务无关，也不参与甲美容公司的所有经营管理。自《协议书》签订之日至2009年11月10日，甲美容公司按照《协议书》之约定，每月向张某支付固定费用1200元。在此情况下，法院关注的重点为“彭某是否为甲美容公司的实际出资人”。

彭某提交证据显示其向田某转账50万元的时间与彭某等人验资时间相同，而张某称50万元系其自己支付却又未提交任何证据。加之《协议书》已经明确约定张某与甲美容公司的所有债权债务无关，进一步使法院确信彭某向田某转账的50万元为甲美容公司的注册资本金。因此，注册资金的出资流向是核实出资人的关键性证据之一。

需要注意的一个趋势是，随着公司注册资本认缴制的推广，新设立公司普遍采用仅需认缴出资，不实际缴纳出资且实缴出资期限相对较长的模式。由此，出资争议发生争议时，可能存在实际缴纳出资期限可能尚未届满，并无出资实缴的情况。此时，对于隐名股东而言，证明其出资义务可能较为困难，应尽量采用订立代持协议的方式。

（二）是否实际行使了股东权利并承担义务，对于股东资格的认定有重要作用

本案中，彭某芸和田某到成都市筹备设立甲美容公司。2007年3月27日，彭某向担任其特别助理的外甥田某个人账户转入266，680元作为设立公司的前期费用。同年6月7日，彭某芸向彭某报销找名义上法定代表人的"法人招待费"160元。同年7月3日彭某又向田某账户转入50万元注册资金并指派会计王某在当日与彭某芸和张某一起前往银行存入50万元资金用于甲美容公司验资。

在公司设立过程中，彭某以设立人的身份对经营场所的租赁、装修及设备购买、安装等一系列设立事项进行了落实并支付费用297万余元。彭某还对公司的主要管理、工作人员从乙美容公司进行了调派，并委托他人完成公司设立的工商、税务等全部登记手续。从举证的积极性和举证能力来看，可以得出彭某不仅是甲美容公司经营管理的参与者，且对公司的各项事务具有较大程度上的控制权和决策权。

因此，除了出资问题是核心问题之外，在目标公司经营管理过程中，隐名股东是否实际提出了有关指示，是否实际参与了经营管理，是否实际取得了经营收益，经营管理人员是否知晓等，都是可以印证是否存在事实上的股权代持法律关系的有力佐证。

（三）股权代持纠纷审理应坚持"内外有别"的原则

公司纠纷涉及的法律关系错综复杂，如果从权利主体角度进行划分，则可分为内部法律关系和外部法律关系。其中，内部法律关系是指公司内部各利益主体之间的法律关系，而外部法律关系则指公司以外的主体，主要是债权人与公司内部各利益主体之间的法律关系。

审理公司纠纷案件时，首先要对冲突背后的法律关系归属作出判断。对于公司内部法律关系，各主体之间的利益冲突、代理成本问题和大股东专权问题是最为突出的矛盾。因此，在处理基于该类法律关系产生的纠纷时，应该以公平、正义为最高原则，按照公司法律制度的要求保护当事人的合法权益。处理外部法律关系所引发的公司纠纷时，应当首要考虑交易安全和效率原则，在此基础上兼顾公平，维护公司制度的稳定。①

张某虽然名义上为甲美容公司注册股东，取得对公司之外的对抗效力，但不必然能够对抗股东之间的内部法律关系，本案法院坚持“内外有别”的原则，从公司实质性设立要件进行审查，综合认定彭某实际出资并与张某有股权代持的约定。

关于股东权利行使的问题，上述案例反映出的注意事项如下：第一，隐名股东如能提交实际行使股东权利的证据材料，可作为存在代持合意的佐证，属于必要条件，但并非充分条件。第二，无论何人持有股权，均需有人来实际行使权利。就此，需要对行使权利的相关留痕文件进行梳理和研究，甄别确定其是实际行使权利，还是仅为挂名。第三，名义股东仅能提交按照工商登记或公司章程要求的必须由股东签字的公司经营管理材料，而无日常管理材料的，原则上不应仅仅据此认定名义股东实际行使了股东权利。

---

① 金剑锋：《公司诉讼的理论与实务问题研究》，人民法院出版社 2008 年版。

第三章

隐名股东的显名化

根据第一章与第二章的内容,我们已经探讨了代持协议及代持关系认定的法律规定及司法实务,本章将就隐名股东显名路径进行探讨,包括隐名股东是否可以直接据此确认股东资格、是否有权要求显名、是否有权要求显名股东返还股权等。

关于隐名股东显名化的路径,主要规定在《公司法司法解释(三)》中。发生隐名股东显名化的重要原因通常系隐名股东的权益遭受显名股东侵害。例如,达到代持协议约定的显名条件而显名股东不予配合、隐名股东与显名股东之间因投资权益的归属发生争议、显名股东未经隐名股东允许擅自参与公司经营决策、隐名股东要求对股权进行处置而显名股东拒不执行等。若双方无法自行协商解决矛盾,将进入诉讼程序,隐名股东的基本诉求一般为确认其具有公司股东资格、要求公司办理股东变更等工商登记手续。

本章重点讨论的问题是:对于隐名股东在诉讼中的诉求,法院的认定角度及理由,隐名股东对此的应对方法。在本章中,我们根据相关法律规定,结合各级法院的4个代表性案例进行分析,就此提出初步法律意见。

案例一

实际出资人能否在半数以上股东明确反对的情况下"显名化"

——吴甲与浙江某投资公司等股东资格确认纠纷案评析

在我们检索到的法院裁判文书中，涉及隐名股东显名的均无一例外地涉及公司其他股东过半数同意的认定问题。司法实践中，裁判者均遵循《公司法司法解释（三）》第24条规定的将公司其他股东过半数以上同意作为隐名股东显名化的条件，这是基于有限公司人合性的特点。有限公司的人合性要求各股东之间建立一种相互了解、友好信任的关系，否则会对有限公司的日常经营造成很大的障碍。在其他股东不同意的情况下，法院既不会以判决的方式直接认定隐名股东的股东资格，也不会要求公司变更相关登记信息。在本案中将分析，其他股东明确表示不同意时，法院会对隐名股东显名化作何种认定。

裁判要旨

认定隐名股东能否显名化，需先对其是否为实际出资人进行认定。在半数以上股东明确反对隐名股东显名化的情况下，根据2011年《公司法司法解释（三）》第25条第3款规定，实际出资人不能成为有限责任公司的显名股东。

争议焦点

1. 吴甲是否向浙江某投资公司进行了实际出资？

2. 法院应否判决确认丙公司持有的浙江某投资公司股权中的75%股权归吴甲所有?

3. 过半数的其他股东曾书面同意吴甲在符合一定条件时可显名,但在一审、二审中相应股东明确表示不同意吴甲显名,在此种情况下可否根据2011年《公司法司法解释(三)》第25条第3款规定的经过"其他股东半数以上同意"而认定为吴甲可以显名?

案情概要

(一)基本案情

1. 案例索引

案号:(2013)民申字第2450号、(2013)浙商终字第22号、(2012)浙杭商初字第110号

案由:股东资格确认纠纷

审理法院:最高人民法院(再审)、浙江省高级人民法院(二审)、浙江省杭州市中级人民法院(一审)

裁判时间:2014年7月24日(再审)、2013年7月5日(二审)

2. 案件基本事实

2003年,吴甲与丙公司、吴乙订立数份《合作协议》,约定由吴甲、丙公司、吴乙共同出资设立浙江某投资公司,吴甲以丙公司的名义出资2250万元,相应股份登记在丙公司名下。浙江某投资公司成立后,工商登记显示丙公司出资3000万元,占公司注册资本的60%,吴乙出资2000万元,占公司注册资本的40%。

此后,浙江某投资公司接收丁公司、戊公司为本公司股东,并增加注册资本。

2011年7月,经国资委审定,浙江某投资公司依法占有、使用国有资本4250万元,并承担国有资产保值增值责任。其中,丙公司出资的3000万元为国有控股,丁公司出资的1250万元为国有独资。2011年至2012年,吴甲就确认对浙江某投资公司享有股权先后提起民事诉讼及国有资产行政确认

诉讼。

浙江某投资公司后又增加注册资本。据工商登记材料显示，浙江某投资公司目前的股东组成为：丙公司、丁公司、戊公司和吴乙，投资额分别为3000万元、3750万元、3750万元、12,000万元，其投资比例各占13.3333%、16.6667%、16.6667%和53.3333%。

各方在一审中的主张：

吴甲（一审原告、二审上诉人、再审申请人）主张：自己作为实际出资人已实际行使股东权利；涉案各方均明知吴甲系浙江某投资公司的隐名股东，丙公司、吴乙对吴甲隐名出资显名化的要求，已在《合作协议》中以书面形式作出了不可撤销同意的承诺，该两方合计持有浙江某投资公司股份超过50%。请求判决确认以丙公司的名义持有的浙江某投资公司股权中75%股权属吴甲所有（按注册资本金为2250万元）。

浙江某投资公司（一审被告、二审被上诉人、再审被申请人）主张：吴甲未履行出资义务，不是公司股东；丙公司出资系国有法人资本，且丙公司与吴甲并未向浙江某投资公司披露委托持股关系；即使丙公司与吴甲之间的股权代持关系成立，也未得到其他股东的同意，且吴甲诉请违反丙公司的上级主管部门——中国纺织工业协会与杭州市人民政府所签备忘录的约定，诉争股权无法过户到吴甲名下。

吴乙（一审第三人、二审被上诉人、再审被申请人）主张：吴甲未履行出资义务，不是公司股东；吴甲并未披露委托持股关系；即使丙公司与吴甲之间的股权代持关系成立，也不同意吴甲成为显名股东。

丙公司（一审第三人、二审被上诉人、再审被申请人）主张：《投资合作协议》系双方真实意思表示，没有违反我国法律的强制性规定，应受法律保护。

丁公司（一审第三人、二审被上诉人、再审被申请人）主张：对丙公司与吴甲签订的协议不知情；不同意吴甲成为浙江某投资公司的股东。

戊公司（一审第三人、二审被上诉人、再审被申请人）主张：对丙公司与吴甲之间是否存在委托持股关系并不知情；对丙公司与吴甲之间《投资合作协议》的真实性、有效性均不予认可；即使丙公司与吴甲之间的股权代持关系成立,也不认可吴甲的股东资格。

(二)法院观点及判决

■ 一审浙江省杭州市中级人民法院

吴甲作为实际出资人与名义股东丙公司之间有关投资权益的约定,属于双方内部约定,仅在合同双方内部产生法律约束,并不发生对外效力。吴甲认为其已实际行使了股东的权利,作为实名股东的丙公司也同意将其的隐名出资实名化。但根据2011年《公司法司法解释(三)》第25条第3款的规定,实际出资人要求将其出资显名化的,需经公司其他股东半数以上同意。现除丙公司以外的浙江某投资公司其他股东均明确表示不同意吴甲成为浙江某投资公司的股东,故吴甲提出要求确认其为浙江某投资公司的股东不符合法律规定。

基于上述,一审浙江省杭州市中级人民法院依照2011年《公司法司法解释(三)》第25条第3款、2012年《民事诉讼法》第64条第1款之规定,判决如下:驳回原告吴甲的诉讼请求。

■ 二审浙江省高级人民法院

2011年《公司法司法解释(三)》第25条第3款规定,实际出资人未经公司其他股东半数以上同意,请求公司变更股东、签发出资证明书,记载于股东名册、记载于公司章程并办理公司登记机关登记的,人民法院不予支持。也就是说,实际出资人若要实现隐名股东显名化,须经公司其他股东半数以上同意。因此,即使吴甲系实际出资人,但在丁公司、戊公司和吴乙在一审、二审中均不同意吴甲成为浙江某投资公司显名股东,丙公司二审中亦答辩要求驳回上诉的情形下,吴甲提出确认以丙公司名义持有的浙江某投资公司股权中75%股权属吴甲所有、将隐名股东显名化的上诉请求和理由不符合法律规定,法院不予支持。

基于上述,二审浙江省高级人民法院依照2012年修订的《民事诉讼法》第170条第1款第1项之规定,判决:驳回上诉,维持原判。

■ **再审最高人民法院**

丙公司对吴甲提出的丙公司在浙江某投资公司的3000万元出资中有2250万元实际为吴甲出资的主张始终确认,并无异议。本案的争点在于应否判决确认丙公司持有的浙江某投资公司股权中的75%归吴甲所有。据工商登记材料显示,浙江某投资公司现在的股东组成为:丙公司、丁公司及戊公司的投资额分别为3000万元、3750万元和3750万元,其投资比例各占13.3333%、16.6667%和16.6667%;吴乙的投资额为12,000万元,投资比例为53.3333%。2011年《公司法司法解释(三)》第25条第3款规定,"实际出资人未经公司其他股东半数以上同意,请求公司变更股东、签发出资证明书、记载于股东名册、记载于公司章程并办理公司登记机关登记的,人民法院不予支持",即实际出资人若要实现隐名股东显名化,须经公司其他股东半数以上同意。因此,即使吴甲系实际出资人,但在戊公司、丁公司和吴乙在一审、二审中均不同意吴甲成为浙江某投资公司显名股东,丙公司二审亦答辩要求驳回吴甲上诉的情形下,吴甲提出确认以丙公司名义持有的浙江某投资公司股权中75%股权属吴甲所有、将隐名出资显名化的诉请不符合法律规定,二审判决对此不予支持,在认定事实和适用法律上均无不当。

基于上述,最高人民法院认为吴甲的再审申请不符合2012年《民事诉讼法》第200条第2项、第6项规定的情形。最高人民法院依照2012年《民事诉讼法》第204条第1款之规定,裁定驳回吴甲的再审申请。

焦点问题评析

(一)吴甲是否为浙江某投资公司的隐名股东(实际出资人)

本案一审法院对于实际出资人的认定方面,根据吴甲与丙公司签订的《投资合作协议》及补充协议、吴甲支付投资款的支票、丙公司向杭州市人民政府国有资产监督管理委员会(以下简称杭州市国资委)发送的函件以及以往相关案件的裁判内容等证据材料,首先认定吴甲已向浙江某投资公司实际进行了出资,实际出资占丙公司出资的75%。换言之,在认定实际出资人的问题上,法院坚持股东之间内部关系实质认定,通过查证出资行为认定了吴甲的实际出资人身份。

(二)关于隐名股东能否显名化,获得与其出资额相应的股权

本案的一审、二审及再审法院均确认吴甲以丙公司的名义向被告浙江某投资公司出资的事实,适用2011年《公司法司法解释(三)》第25条第3款的规定审查原告能否获得相应股权。依据2011年《公司法司法解释(三)》第25条第3款的规定,隐名股东显名化需要获得其他股东过半数同意。故本案重点审查的事项是浙江某投资公司其他股东是否同意接纳吴甲成为浙江某投资公司的股东。

吴甲主张其获得了半数以上股东同意:第一,各方对吴甲出资和丙公司代为持股是明知的,并未提出明确反对;第二,吴乙、丙公司已经在《投资合作协议》中事先同意吴甲成为浙江某投资公司股东,两股东持股过半数。

但是,在诉讼过程中,浙江某投资公司现有股东吴乙、丁公司、戊公司均明确反对吴甲成为浙江某投资公司股东,仅有丙公司对此表示同意。

杭州市中级人民法院、浙江省高级人民法院、最高人民法院均以诉讼过程中浙江某投资公司各股东的陈述作为标准,判断其是否同意吴甲成为浙江某投资公司股东,在吴乙、丁公司、戊公司反对的情形下,确认吴甲未能获得半数以上股东同意,不能成为浙江某投资公司股东。因此,对于隐名股东显名化问题,涉及公司的内部意思自治和公司治理规范,具有明显的外部性特征,其法律效果等同于一个新的外部股东加入目标公司中。故隐名股东能否显名化需要依法体现目标公司及其他股东的意志,司法亦需尊重公司及其他股东的内部意思自治。

(三)过半数的其他股东曾书面同意隐名股东在符合一定条件时可显名,但在一审、二审中相应股东明确表示不同意其显名,在此种情况下是否属于经过"其他股东半数以上同意"

吴甲在再审中称,丙公司明确表态"在时机成熟时将属于乙方(吴甲)的出资恢复登记到乙方名下",吴乙亦明确表态"乙方(吴乙)在受让约定额度出资的同时,对甲方(丙公司)与吴甲先生转让事宜不进行干涉"。故丙公司、吴乙对吴甲隐名股东显名化的要求,已书面作出了不可撤销同意的承诺。

最高人民法院认为,戊公司、丁公司和吴乙在一审、二审中均不同意吴甲成为浙江某投资公司的显名股东,因此不符合 2011 年《公司法司法解释(三)》第 25 条第 3 款的规定。

由此,三级法院均将其他股东的庭审陈述作为是否同意隐名股东显名化的意思表示,吴甲所主张的其他股东同意的承诺显然属于证据不足情形。

(四)司法实务观点评析

隐名股东的"显名化"通常需要两步走:第一步需认定实际出资人;第二步判断隐名股东能否显名化。在认定实际出资人时,当事人应当举证证明:隐名股东与显名股东之间达成代持股权的约定,已经依法向公司出资或者认缴出资且不违反法律法规强制性规定。对于隐名股东能否显名化的认定,既包括合同法层面对隐名股东与显名股东之间约定内容的判定,又包括公司法层面对股东之间人合性的考量,因此需结合财产关系与人身关系进行综合判定。

2014 年 3 月 1 日,2014 年修正的《公司法司法解释(三)》正式实施,原司法解释第 25 条修改为第 24 条。2021 年 1 月 1 日,2020 年修正的《公司法司法解释(三)》正式实施,该条款未予修正。《公司法司法解释(三)》第 24 条第 3 款的设置原因在于保护公司股东的人合性特征,进而保证公司的顺畅运营。

司法实务中,对于《公司法司法解释(三)》第 24 条第 3 款规定的"公司其他股东半数以上同意"的理解存在分歧。一种观点认为,同意仅指明示同意,需由其他半数以上股东作出明确的意思表示认可实际出资人的股东身份。另一种观点认为,同意包括明示与默示两种方式,如其他半数以上股东知道隐名股东的存在并实际行使股东权利,但未就此曾提出过异议,可推定认可隐名股东的股东身份,隐名股东符合显名要件。

2019 年 11 月 8 日,最高人民法院发布《九民会议纪要》,考虑到"不少法院在进行司法裁判时,将半数以上其他股东的'同意权'过于绝对化,没有对半数以上其他股东的真实主观形态加以考量,没有对真实的法律关系进行认定。这就导致半数以上其他股东对于实际出资人的显名程序毫无缘故的拒绝,其拒绝实际出资人成为真正意义上的股东时是否具有正当理由也没有进行考量。甚至即使半数以上其他股东违反诚实信用原则恶意拒绝实际出资人登记为公司股东的,有些法院也只机械适用《公司法司法解释(三)》第 24 条的规定,驳回实际出资人的诉讼请求"①,最高人民法院在《九民会议纪要》第 28 条规定中对隐名股东显名的条件作出进一步细化规定,第 28 条规定:"【实际出资人显名的条件】实际出资人能够提供证据证明有限责任公司过半数的其他股东知道其实际出资的事实,且对其实际行使股东权利未曾提出异议的,对实际出资人提出的登记为公司股东的请求,人民法院依法予以支持。公司以实际出资人的请求不符合公司法司法解释(三)第 24 条的规定为由抗辩的,人民法院不予支持。"对于该条中的"知道其实际出资的事实,且对其实际行使股东权利未曾提出异议",中国政法大学法律硕士学院教授、原最高人民法院二级高级法官王毓莹认为:"在商事活动中,隐名股东或直接或间接地与公司、其他股东产生关系,或直接或间接地彰显存在、施加影响,隐名股东'实际出资''实际行使股东权利'等事实贯穿于公司酝酿、筹备、设立、经营乃至解散过程中的任何环节,并可能以各种不同的方式体现出来,包括但不限于共同筹备协商、向发起人或名义股东转账或直接向公司汇款、参与公司经营决策、参加股东会或董事会、指派公司高管、直接或间接表决、参与分红或清算等。对'默示同意'的认定应当以存在上述两个事实为基础,进而审查其他股东是否知道或是否应当知道。在推定知悉时,应遵循理性人标准。"②

结合本案例的相关情况,吴甲在再审中提出丙公司及吴乙曾作出过书面同意其显名的意思表示,但法院结合本案一审、二审各方当时的意见认定其他过半数股东明确表示不同意。如吴甲能够证明其他过半数股东明示同

---

① 最高人民法院民事审判第二庭编著:《〈全国法院民商事审判工作会议纪要〉理解与适用》,人民法院出版社 2019 年版。

② 王毓莹:《隐名股东的身份认定及其显名路径——基于最高人民法院 76 份裁判文书的实证分析》,载《国家检察官学院学报》2021 年第 2 期。

意或符合默示同意的条件,但在庭审中明确表示不同意,对于这种情况应当如何认定？我们理解,这种前后矛盾的行为,可以推定为主观恶意,应当认为已经符合了《公司法司法解释(三)》第24条第3款及《九民会议纪要》第28条规定的隐名股东显名化取得了其他过半数股东同意。《〈九民会议纪要〉理解与适用》第28条释义也明确释明:“只在诉讼中或诉讼前明确表示反对意见,系属前后意思不一致,违反诚实信用原则,应当根据其长期接受实际出资人行使股东权利的行为来判断其真实意思表示。”

依据《公司法司法解释(三)》第24条第3款规定,在半数以上股东明确反对的情况下,实际出资人不能成为公司的显名股东。在适用《公司法司法解释(三)》第24条判断隐名股东能否“显名化”时,应当结合《九民会议纪要》第28条规定,如实际出资人能够提供证据证明有限责任公司过半数的其他股东知道其实际出资的事实,且对其实际行使股东权利未曾提出异议的,对实际出资人提出的登记为公司股东的请求,人民法院依法予以支持。

案例二

其他股东参与签订代持协议的，可推定其同意实际出资人“显名化”

——林甲诉林乙等股东资格确认纠纷案评析

依据2011年《公司法司法解释（三）》第25条第3款的规定，隐名股东显名化需取得其他过半数股东明示同意。在司法实务中，最高人民法院以多份裁判表明其他过半数股东的默示同意也应认定隐名股东可以显名化，直至《九民会议纪要》第28条的实施，隐名股东显名化需要具备两个条件：一是认定实际出资人；二是取得了其他过半数股东的明示或默示同意。结合下面的案例，我们可以在法院的判决中看出，法院在认定隐名股东显名化的过程中，如何认定判断代持关系。

裁判要旨

认定隐名股东需要以代持股协议为基础，综合协议内容和履行情况判断代持股协议的真正当事人，并考虑当事人在目标公司中所起的作用（包括出资、履行职务等）。在各方当事人通过签订协议方式约定股权代持之后，如无特别约定，签订协议的股东作为目标公司的显名股东不得再反对签订协议的其他当事人从隐名股东变更为显名股东。

争议焦点

1. 代持股主体如何认定，林甲是代丙公司的股东持股，还是代丙公司持股？

2. 法院判决丙公司为股东林乙、张某办理股东工商变更登记的依据为何?

案情概要

(一)基本案情

1. 案例索引

案号:(2014)民申字第1053号、(2013)苏商终字第0084号

案由:股东资格确认纠纷

审理法院:最高人民法院(再审)、江苏省高级人民法院(二审)

裁判时间:2014年9月19日(再审)

2. 案件基本事实

2010年,林甲、林乙、张某、吴某等人订立《代持某投资发展公司股份及资金注入流转说明》(以下简称《流转说明》),约定由林甲作为丙公司(境外公司)的股东代表,代持某投资发展公司95%的股份,无论某投资发展公司中以林甲名义所持的股份如何变化,该股份所对应的股权风险及收益均按照林乙、张某、吴某在丙公司的股份比例承担和分配。各股东按照丙公司的持股比例将应到位资金转入林甲的个人账户后再进入验资户完成验资程序。

现林乙、张某主张确认其作为某投资发展公司的股东身份,此时某投资发展公司股东为林甲和吴某,吴某对此表示反对。

各方在二审中的主张:

林甲(一审第三人、二审上诉人、再审申请人)主张:一审事实认定错误。林甲并非代丙公司股东持有某投资发展公司股份,而是代丙公司持有,代持主体为丙公司而非丙公司股东。《流转说明》明确各方合作设立某投资发展公司,代持主体是丙公司。四位自然人股东的签字,是对林甲代表丙公司与其达成隐名代持协议的说明与确认,并不构成股东个人直接出资。丙公司在英属维尔京群岛注册成立,其主要营业地为中国香港特别行政区。根据《涉外民事关系法律适用法》第14条之规定,对于登记地、主营业地均不在中国内地的丙公司,对《流转说明》的性质认定、是否代表丙公司的意思表

示,必须依据丙公司注册地或者主要营业地法律进行判断。依据 2011 年《公司法司法解释(三)》第 25 条第 3 款规定,即使被申请人是某投资发展公司的隐名股东,在未取得其他股东过半数同意的情况下,也只能认定隐名股东身份,而不能直接判决变更。2013 年 2 月 22 日某投资发展公司的现任股东吴某出具《声明书》,不同意张某、林乙成为该公司的股东。一审法院直接判决某投资发展公司办理被申请人为公司股东的工商变更登记,适用法律错误。

林乙、张某(一审原告、二审被上诉人、再审被申请人)主张:第一,首先,《流转说明》是各当事人为成立某投资发展公司所订立的协议,真实、全面反映出投资者的合意、意图和原始状况,反映出林甲所代持的仅为丙公司部分股东个人的股份,《流转说明》的标题为"代持某公司股份及资金注入流转说明",其落款以"确认人"方式签字,无文字表明任何一方代表丙公司签署。其次,各方当事人履行《流转说明》的过程中,并未经过丙公司对某投资发展公司出资。林乙、张某对某投资发展公司的出资款项系以个人名义直接支付给林甲,不存在林乙、张某与丙公司的中间结算过程,丙公司自始至终未出示相关出资记录。此外,假如签署《流转说明》的各方当事人真实意思是由林甲代表丙公司持有某投资发展公司的股权,则仅需丙公司授权林甲即可,而无须由其部分股东进行约定,由此可以认定系代表签字当事人持股。第二,丙公司与本案无关,无必要追加其为当事人;一审期间,丙公司也未主动申请参加诉讼。本案审理的范围和对象均为在中国注册的某投资发展公司与境内自然人之间的股权纠纷。不涉及境外公司的股权问题,无关准据法的问题。第三,某投资发展公司变更股东登记不存在法律障碍。《流转说明》是四个股东就林甲代持股事宜的共同合意,表明吴某作为某投资发展公司的登记股东明知林乙、张某是某投资发展公司的实际出资人并同意林甲代持其股权。二审中,某投资发展公司提供的吴某出具的声明,不能推翻此前四人已在《流转说明》中达成的关于林甲代持股的约定,且《流转说明》并未对实际出资人变更登记为股东的条件进行限制。

(二)法院观点及判决

■ 再审最高人民法院

关于林甲是代丙公司的股东持股,还是代丙公司持股的事实认定问题。本案中,吴某、张某、林乙、林甲在签订《流转说明》时均为丙公司的股东,四人约定:为简化注册手续,一方以林甲的自然人身份作为丙公司的股东代表,出资13,500万元,持有某投资发展公司95%的股份;林甲作为丙公司的股东代表代持某投资发展公司的股份,无论某投资发展公司中以林甲名义所持的股份如何变化,该股份所对应的股权风险及收益均按照各股东在丙公司的股份比例承担和分配。各股东按照在丙公司的持股比例将应到位资金转入林甲的个人账户后再进入验资户完成验资程序。

上述约定内容表明,林甲是作为丙公司的四位股东代表代持股份,而不是作为丙公司的代表;出资人是四位签字的股东,而不是丙公司。此后,按照各股东在丙公司的持股比例,计算出林乙、张某向某投资发展公司的出资金额,并汇入了林甲的账户,履行了出资义务。申请人林甲主张其是代丙公司持有某投资发展公司的股份,但没有提交证明丙公司委托其代持股份的证据,也未能证明丙公司作为出资人向某投资发展公司汇入出资款的证据,以及丙公司向其股东借款并用于出资的证据。因此,综合本案全部事实,林甲的上述主张没有证据支持,最高人民法院不予采纳。

依据各股东在《流转协议》中的约定,林甲"代持"的目的是"为了简化注册手续"。某投资发展公司成立后,林乙、张某作为该公司的工作人员参与了公司经营,其作为代持协议中约定的实际出资人,请求结束其股权被代持的状况,并不违反当事人之间的约定。现某投资发展公司登记的股东是林甲、吴某,二人均是《流转说明》的缔约人,吴某对林乙、张某作为实际出资人、隐名股东的身份是清楚并认可的。曾是某投资发展公司原始股东的汪某的证言亦证明了设立公司时与林乙、张某等四人协商等事实。因此,依据本案的事实及相关法律规定,原审判令某投资发展公司为林乙、张某办理股东工商登记变更手续、林甲应履行必要的协助义务,适用法律正确。

焦点问题评析

(一)关于林甲是代丙公司的股东持股,还是代丙公司持股

关于林甲是代丙公司的四位股东持股,还是代丙公司持股,最高人民法院主要依据《流转说明》的相关约定以及实际出资情况判定。司法实践中,法院面对的代持股纠纷有两种情况:有代持协议和无代持协议,在审查后者时,需要对股东资格认定的实质要件即实际出资人是否履行出资义务,该出资是否确实作为投资款项使用等进行审查。①

本案《流转协议》的签订主体为林甲、林乙、张某、吴某四人,约定林甲代持股权的风险及收益均由四人在依照在丙公司持股的比例承担和分配,同时,林甲代持股权的对应的出资均由四人将资金直接转入林甲账户。根据前述情况,四人履行了出资义务,并实际承担代持股权对应的收益与风险,丙公司对该代持股权并不具有任何名义与实际权利。根据《公司法司法解释(三)》第24条第2款的规定,实际出资人与名义股东因投资权益的归属发生争议,实际出资人以其实际履行了出资义务为由向名义股东主张权利的,人民法院应予支持。因此,林甲应为代丙公司的四位股东持股。至于吴某所提出的代丙公司持股的主张,显然需要结合股东出资的资金流向来具体认定。对此,吴某需要提供有关丙公司有参与设立某投资公司的意思表示、有实际出资行为的充分有效证据,否则,吴某不能否定其他股东出资的客观事实。

(二)关于判决丙公司为股东林乙、张某办理股东工商变更登记,是否有事实及法律依据

《公司法司法解释(三)》第24条第3款规定:"实际出资人未经公司其他股东半数以上同意,请求公司变更股东、签发出资证明书、记载于股东名册、记载于公司章程并办理公司登记机关登记的,人民法院不予支持。"本案中,丙公司的工商登记显示其股东为林甲、吴某,而吴某出具了书面《声明

---

① 熊博达:《论隐名出资人显名化要件》,载《上海法学研究》集刊(2019年第24卷 总第24卷),《中国学术期刊(光盘版)》电子杂志社2019年版,第52页。

书》,声明其不同意张某、林乙成为丙公司股东,但江苏省高级人民法院、最高人民法院均未适用《公司法司法解释(三)》第24条第3款规定,而是认为各方均明知张某、林乙为丙公司部分股权的实际出资人,且张某、林乙实际参与了丙公司成立后的经营活动,直接判决丙公司办理张某、林乙股东显名的工商变更登记、林甲履行必要的协助义务。

我们理解,《公司法司法解释(三)》第24条第3款的设置是基于有限公司人合性的特征而保护公司其他股东的合法权利,如公司其他股东均明知隐名股东存在的事实,并且隐名股东显名化将不对人合性产生影响,则没有违背该条规定设置的初衷。本案中,吴某作为《流转说明》的签字方以及后期丙公司的实际经营股东,十分清楚张某、林乙作为隐名股东的事实,并且在丙公司的日常经营活动中,张某、林乙均有所参与,实际行使了股东权利。吴某对前述情况均明知并默认,说明吴某接受了张某、林乙与其一同作为丙公司并对丙公司进行共同经营,但吴某现以《公司法司法解释(三)》第24条第3款规定主张不同意张某、林乙显名,其主观上明显存在不合理的恶意。因此法院判决支持了张某、林乙显名的主张,应为合情合理的判决。根据民法中的诚实信用基本原则,在各方当事人曾经书面确认代持股事实、知晓代持股意思表示、同意该持股行为的情况下,不允许当事人违反承诺,也符合民事诉讼"禁反言"的基本原则。

(三)司法实务观点评析

在股权代持关系中,股东权利实为隐名股东享有,名义股东仅享有股权的权利外观,依照授权或股权代持协议的相关约定,名义股东依隐名股东的意思行使权利。因此,名义股东并不实际享有作为股东的处分权、表决权、收益权。《公司法司法解释(三)》第24条为隐名股东的显名化设置了两项条件:一是订立有有效的代持协议;二是经公司其他股东过半数同意,系隐名股东实现显名化的程序性要求,在其他股东明示不同意的情况下,实际出资人无法获得显名的权利。

我们理解,隐名股东显名化的法律效果,对于实际出资人与名义股东内部而言,固然是名实相符,不存在股权转让的问题;但对于不知情之公司其他股东以及公司外部债权人而言，这与名义股东向隐名股东对外转让股权的表现方式并无实质区别。就此，基于有限责任公司"人合性"保护，有限责任公司的隐名股东显名化，也应与《公司法》第71条规定的有限责任公司股东对外转让股权、新股东加入目标公司的条件基本一致，需经"其他股东半数以上同意"。基于股份有限公司的"资合性"特征，《公司法》第137条规定股份有限公司的股东可以依法自由转让股份，就此股份有限公司隐名股东显名化无须经其他股东同意。对此，中国政法大学法律硕士学院教授、原最高人民法院法官王毓莹认为："司法实践中，裁判者均遵循《公司法司法解释（三）》第24条的规定。这26个案例涵摄了上述规定。《公司法司法解释（三）》第24条将公司其他股东过半数以上同意作为隐名股东显名化的条件，这是基于有限公司人合性的特点。有限公司的人合性要求各股东之间建立一种相互了解、友好信任的关系，否则会对有限公司的日常经营造成很大的障碍。"①如果其他股东客观上均知晓或事实认可了该股东的身份或权利，则此时该隐名股东进行显名化程序，实际上并不违背其他股东的真实意愿。

在司法实践中，一种观点认为，公司其他股东半数以上同意仅指明示的同意，需要公司其他半数以上股东作出明确的意思表示认可实际出资人的股东身份，实际出资人方可主张登记为公司股东。另一种观点认为，公司其他股东半数以上同意既包括明示的同意，也包括默示的同意，如果在公司经营过程中，其他半数以上股东知晓实际出资人实际出资的事实，且对其实际行使股东权利从未提出过异议，说明其他半数以上股东已经以其自身行为认可了实际出资人实际享有股东权利的地位，此时赋予实际出资人显名的股东地位不会对公司的实际经营产生影响，亦不会破坏股东之间的信赖关系。最高人民法院在本案、（2009）民二终字第3号民事判决书以及（2017）最高法民申37号民事裁定书等裁判中做出了符合第二种观点的判决，认为

---

① 王毓莹：《隐名股东的身份认定及其显名路径——基于最高人民法院76份裁判文书的实证分析》，载《国家检察官学院学报》2021年第2期。

依据当事人之间的约定、出资事实以及隐名股东实际参与公司经营的事实，可以确定公司其他股东对于隐名股东是知情的，进而认定了隐名股东可以显名。

在司法实务中，出现过其他半数以上股东在公司经营中对隐名股东行使股东权利、参与公司日常经营的行为未曾提出异议，但在诉讼明确提出不同意隐名股东显名。法院将此视为前后意思表示不一致，违反诚实信用原则，因此需根据其他股东长期接受实际出资人行使股东权利的行为判断其真实意思表示。例如，北京市第一中级人民法院(2017)京01民终2965号民事判决书载明，虽然其他股东在诉讼中不同意隐名股东显名，但并不能成为阻止其显名的有效抗辩。又如，北京市第二中级人民法院(2020)京02民终717号民事判决书中指出，其他股东在长期知晓实际出资人的出资事实，默许其实际行使股东权利，而未曾提出过异议的情况下，故意反对将实际出资人登记为公司股东，违反诚实信用原则。公司关于隐名股东未取得公司其他股东半数以上同意，无权要求办理股东变更登记的答辩理由，没有事实和法律依据。

基于司法实务中出现对于《公司法司法解释(三)》第24条第3款适用的不同观点，2019年9月11日，最高人民法院通过的《九民会议纪要》第28条规定："实际出资人能够提供证据证明有限责任公司过半数的其他股东知道其实际出资的事实，且对其实际行使股东权利未曾提出异议的，对实际出资人提出的登记为公司股东的请求，人民法院依法予以支持。公司以实际出资人的请求不符合公司法司法解释(三)第24条的规定为由抗辩的，人民法院不予支持。"根据该规定，隐名股东证明公司其他半数以上股东知道隐名股东为实际出资人的事实，并且对隐名股东实际行使股东权利未曾提出异议即默示同意，法院对隐名股东显名化的请求应当予以支持。其中，对于"公司过半数的其他股东知道其实际出资的事实"而未对此提出异议，《〈九民会议纪要〉理解与适用》第28条解释道："一种是由名义股东代为行使股东权利，由名义股东向半数以上其他股东披露实际出资人的身份，并明确表示自己是在按照实际出资人的指示行使股东权利，有关决策均是基于实际出资人的意志，投资收益也归属于实际出资人，半数以上其他股东在知悉名义股东是在代实际出资人行使股东权利后未表示反对的，应当认定为认可实际出资人行使股东权利。另一种情形是实际出资人撇开名义股东，直接参与到公司的决策与经营活动中来，只在必要的时候由名义股东出面解决形式合法性问题，平时均由实际出资人直接与其他股东共同进行决策，指派管理人员对公司直接进行管理，半数以上其他股东接受与实际出资人共同管理公司的事实，则可认定为其认可实际出资人行使股东权利，未提出异议。”

根据《公司法》相关规定，股东权利主要包括知情权、资产收益权、参加重大决策和选择管理者等权利。实际出资人一般可以通过制定和修改公司章程、列席股东会、委派董监高等方式实际行使股东权利。我们理解，隐名股东处理签订股权代持协议以确定各方真实意思表示外，在股权代持过程中，隐名股东还可以积极参与公司的日常经营管理、行使股东权利，保留参与公司经营管理的证据，为日后可能发生的纠纷做好充足准备。

从上述案例我们可以分析得出，隐名股东要求显名的，首先应认定双方是否具有代持股合意，其次认定隐名股东是否实际出资，最后根据《公司法司法解释(三)》第24条第3款、《九民会议纪要》第28条规定认定是否可以支持隐名股东显名化的主张。在其他过半数股东明确表示不同意实际出资人显名的情况下，可以通过隐名股东参与公司经营管理的具体情况判断其他过半数股东是否具有明示或默示同意其作为实际股东的意思表示，进而判断是否符合隐名股东显名化的法定条件。

案例三

在实际出资人需要履行股东变更的法定审批程序前不应支持其“显名化”主张

——甲融资公司等诉乙商贸公司股权确认纠纷案评析

司法实践中，在特殊情形下，有限责任公司隐名股东尽管已获得“其他股东半数以上同意”或者目标公司为股份有限公司，但隐名股东可能因特殊监管领域中对股东变动的特殊审批程序而不能显名化。对于保险、银行、资本市场等特殊领域，相关监管部门基于社会公共利益或公共管理秩序的需要，根据法律或行政法规的授权，设置了诸多监管及审批要求。这些监管规范性文件，很可能会对隐名股东显名化问题产生重大影响。需要说明的是，在监管层面上，特殊领域的股权代持多被监管制度所禁止。①

裁判要旨

代持股份目标公司所处行业对于股东身份存在法定资格限制和报批要求时，隐名股东在证明符合相应要求、履行报批手续之前，不能成为目标公司显名股东。股权代持关系涉及第三人合法利益时，需要保护第三人对于目标公司股权登记的信赖利益，不能径直将代持股份返还实际出资人。

① 《商业银行股权管理暂行办法》第 12 条第 1 款规定：“商业银行股东不得委托他人或接受他人委托持有商业银行股权。”2018 年《保险公司股权管理办法》第 31 条规定：“投资人不得委托他人或者接受他人委托持有保险公司股权。”

争议焦点

特殊监管领域,隐名股东是否需要符合相关监管对股东条件的限制且履行相应报批手续,才能主张显名?

案情概要

(一)基本案情

1. 案例索引

案号:(2014)民提字第 147 号、(2012)高民终字第 1906 号、(2011)二中民初字第 02561 号

案由:股权确认纠纷

审理法院:最高人民法院(再审)、北京市高级人民法院(二审)、北京市第二中级人民法院(一审)

裁判时间:2016 年 12 月 20 日(再审)

2. 案件基本事实

2006 年 10 月,甲融资公司(以下简称甲公司)与丙实业公司(以下简称丙公司)签订《委托协议》,约定甲公司出资 5000 万元入股内蒙古某银行,该部分股份由乙商贸公司(以下简称乙公司)名义代持,并委托丙公司代表甲公司行使关于标的股份实际持有人的全部权利,未经甲公司书面同意,不得处分标的股份。同月,丙公司与乙公司签订《委托投资协议书》,约定丙公司将持有的 5000 万元内蒙古某银行股权委托给乙公司,丙公司实际享有股东权利。

2007 年 11 月 15 日,甲公司向乙公司汇款 5000 万元,资金用途为往来款。2007 年 12 月 5 日,内蒙古某银行为乙公司出具《股权证》,载明:股东户名乙公司,股东编号 1949,认购股份数 5000 万股,每股金额 1 元,认购日期 2007 年 12 月 5 日。

乙公司所持有的内蒙古某银行 5000 万股股份的 2009 年度分红款为 400 万元,但乙公司尚未从内蒙古某银行领取。乙公司持有的内蒙古某银

行的股权,因乙公司对外存在纠纷已经被多家法院查封。

诉讼中,丙公司出具情况声明,其系接受甲公司的委托与乙公司签署委托投资协议,甲公司系标的股份的实际出资人及实际所有人,丙公司系甲公司的受托人,丙公司愿意就上述标的股份的权属确认问题向甲公司提供一切必要协助,且丙公司承诺并保证不再另行就乙公司持有的内蒙古某银行股份所有者权益及分红红利等向乙公司提出任何主张。

当事人在再审中的主张:

甲公司(一审原告、二审上诉人、再审申请人)主张:第一,一审、二审判决仅以乙公司经内蒙古某银行及其相关行政主管部门审批成为内蒙古某银行的现股东,且内蒙古某银行为乙公司颁发了股权证,确认了其股东身份的事由和依据,错误地认定甲公司要求确认本案涉案股权归属甲公司实际所有或享有并主张返还的诉讼请求,没有法律依据。(1)确认实际出资主体是确认股权实际归属的根本要素。(2)依据《公司法司法解释(三)》第 23 条规定,实际出资人才应是真正能够实际享有股东权利,承担股东义务的股权所有人。(3)甲公司对内蒙古某银行的实际出资行为就是认购股份,涉案股份实际出资人的投资权益与股东投资权益是一致的。(4)委托投资及代理认购股权并持有股权客观上有法律依据,且未违反任何禁止性规定及损害国家、集体或第三人合法权益。

第二,一审、二审判决仅以涉案股权因乙公司对外存在纠纷已被多家法院查封为事由,而错误地认定涉案股权不能归甲公司所有,且该错误认定根本没有法律依据,也不符合基本法理和法律逻辑,并违法侵害了甲公司合法诉讼权益。(1)股权确认与股权转让、股权变更登记是不同的法律概念和阶段,法律作用和意义不同。案涉股权实际归属的认定仅涉及本案双方争议的契约利益,并不妨碍第三人。(2)股权确认的法定事由为是否实际出资且未违反法律强制性规定,乙公司对外存有债务及涉案股权被多家法院查封等均非股权确认的法定事由。(3)二审判决以债权人乙公司的查封为由,对甲公司应实际享有案涉股权的客观法律事实不予认定,损害了甲公司合法诉讼权利和经济利益。

第三，二审判决以涉案股权的过户存在应由所在地银监局（银监会的地方分支机构）先行受理、审查并决定的问题为由而错误认定甲公司要求办理涉案股权过户的诉讼请求不能予以支持，没有法律依据。(1)二审判决颠倒了股权变更过户法定程序和当事人权利义务内容。甲公司主张乙公司依法协助办理案涉股权过户并不涉及或妨碍当地银监局行使行政审查权力。(2)一审、二审判决依法确认甲公司是案涉股权实际出资人，且案涉委托协议并未被认定为无效，即应依法判决乙公司履行合同义务，依法将股权协助过户。(3)甲公司主张乙公司依法协助办理过户手续未违反任何法律规定，二审判决不予支持损害了甲公司合法诉讼权益。

(二)法院观点及判决

■ 一审北京市第二中级人民法院

乙公司经内蒙古某银行及相关行政主管部门审批成为内蒙古某银行的股东。内蒙古某银行为乙公司颁发了股权证确认了其股东身份。甲公司与丙公司要求确认乙公司持有的内蒙古某银行的5000万股股份归甲公司所有并要求返还的诉讼请求，没有法律依据，不予支持。

基于上述，一审北京市第二中级人民法院判决：(1)乙公司于判决生效后10日内给付甲公司2009年度分红款400万元；(2)驳回甲公司、丙公司的其他诉讼请求。

■ 二审北京市高级人民法院

关于乙公司所持有的内蒙古某银行5000万股股份所有权是否归属于甲公司的问题。依据甲公司与丙公司签订的《委托协议》、丙公司与乙公司签订的《委托投资协议书》、电汇凭证以及丙公司出具的情况说明可以确认，乙公司名义持有内蒙古某银行股份，甲公司系实际出资人。就公司内部关系而言，实际出资人与代持人之间就彼此权利义务分配所达成的契约与一般民法所规定的契约并没有本质区别，这种权利义务的分配在不涉及第三人利益时，完全依赖于该契约对双方当事人之间的权利义务分配。但当涉及第三人利益的时候，我国公司法规定，公司股权转让应办理变更登记手续，以取得对外的公示效力，否则不得对抗第三人。该规定遵循的是商法的外观主义原则,即指以当事人的行为外观或权利外观为准,而认定其产生法律效果的原则。实际上,外观可能是虚假的、不真实的,但是只要相对人或第三人出于善意,合理信赖这个外观,其所作出的交易行为就应受到法律保护。其立法目的在于维护商事交易安全。第三人凭借对登记内容的信赖,一般可以合理地相信登记的股东就是真实的股份持有人。本案所涉股份代持人乙公司,因对外存在纠纷,其所持有的内蒙古某银行的股份已经被多家法院查封。乙公司的债权人基于公司股东名册登记而申请法院查封执行乙公司名下诉争股份的信赖利益,应依法予以保护。因此,甲公司即使是诉争股份的实际出资人,诉争股份也不能归甲公司所有。

能否判令乙公司将涉案股份过户给甲公司的问题。《中国银监会办公厅关于调整城市商业银行异地股东资格审核权限的通知》(银监办发〔2007〕260 号)中规定,城市商业银行注册地所在省(区、市)以外的企业入股城市商业银行股权变更 2% 以下的申请,由其所在地银监局受理、审查并决定,事后及时报银监会备案。本案涉案股份占内蒙古某银行股份总额 1.67%,按规定应由所在地银监局受理、审查并决定。因此,仅从程序上看,涉案股份的过户亦存在应由所在地银监局先行审批的问题。同时,在诉争股权不能归甲公司所有的前提下,甲公司要求办理过户手续的诉讼请求亦不能予以支持。

基于上述,二审北京市高级人民法院判决:驳回上诉,维持原判。

■ 再审最高人民法院

公司股份应归属于股东。根据本案查明的事实,甲公司系内蒙古某银行 5000 万股股份的实际出资人,但并非公司章程和工商登记机关登记确认的股东。实际出资并非成为公司股东的充分条件,实际出资人亦并非当然为公司股东。本案中的内蒙古某银行系中资商业银行,银监会对于中资商业银行的发起人、股东资格的获取及应履行的报批程序有其限制性规定。在甲公司并无证据证明其已具备相关条件并履行报批程序之前,直接要求确认案涉内蒙古某银行的 5000 万股股份归其所有,并要求乙公司过户返还,实质上即为确认其系内蒙古某银行股东的效力,故法院不予支持。

基于上述，再审最高人民法院认为，原审判决认定事实清楚，适用法律正确，判决：维持二审北京市高级人民法院民事判决。

焦点问题评析

本案的争议焦点在于，在银行等特殊监管领域，隐名股东在履行监管要求的相应报批手续前，能否主张显名？

综合本案查明的事实和当事人丙公司的陈述可以认定，甲公司与乙公司之间存在股权代持关系，关键在于代持的内蒙古某银行股份能否返还，甲公司作为隐名股东能否实现显名化。

根据2011年《公司法司法解释（三）》第25条第3款的规定，实际出资人经过公司其他股东过半数同意，可以请求确认股东身份。该条款就隐名股东显名化作出了一般性规定，在委托持股协议未作特别约定时，满足该一般性规定即可实现隐名股东的显名化。但在本案中，存在两个特殊之处：第一，代持股的目标公司为中国的商业银行，而银监会对于中资商业银行的发起人、股东资格的获取及应履行的报批程序均有限制性规定；第二，乙公司由于不能清偿对外债务，其代持的股份已经被多家法院查封。

本案各级审理法院均认为，实际出资人与公司股东是两个不同的身份，实际出资人并非当然成为公司股东。一方面，实际出资人与代持人之间委托代持协议系当事人之间订立的合同，仅在当事人之间发生效力，不具有对外公示效力，而我国公司法规定，公司股权转让应办理变更登记手续，以取得对外的公示效力，否则不得对抗第三人。在股权代持涉及第三人利益，第三人不知股权代持事实时，应当保护第三人对公司股权登记的信赖利益，不能将代持股份返还给实际出资人。另一方面，《中国银监会办公厅关于调整城市商业银行异地股东资格审核权限的通知》中对成为城市商业银行股东存在特别要求，城市商业银行注册地所在省（区、市）以外的企业入股城市商业银行股权变更2%以下的申请，由其所在地银监局受理、审查并决定，事后及时报银监会备案。甲公司作为实际出资人，在未能证明其符合具备相关条件并且履行报批条件之前，不能请求返还被代持的股权，无法成为目标银行的股东。

本案确定的裁判思路是，代持股份目标公司所处行业对于股东身份存在资格限制和报批要求时，隐名股东在证明符合相应要求，履行报批手续之前，不能成为目标公司显名股东。股权代持关系涉及第三人合法利益时，需要保护第三人对于目标公司股权登记的信赖利益，不能径直将代持股份返还实际出资人。司法实践中，相关监管制度虽然可能因法律层级原因不能成为裁判理由，但实际上，为了特殊领域中监管秩序的稳定，裁判时也会充分考量监管制度的有关规定，并对当事人间法律关系的认定产生一定影响。但也有学者认为：裁判者应该保持足够的超脱，应当坚守法律和行政法规的规定，不宜受到部门规章和地方性法规的约束和左右，不应该为部门规章和地方性法规做出“背书”，从而使司法活动处于高度不确定性中，进而干扰正常的商业秩序。①

---

① 叶林：《股权代持纠纷的司法裁判立场》，载《法律适用（案例）》2018 年第 22 期。

案例四

股份有限公司实际出资人要求名义股东交付股票不受“股东过半数同意”的限制

——陈某与王某股权转让合同纠纷案评析

2014 年《公司法司法解释(三)》仅明确了有限责任公司股权代持的成立要件和代持行为的效力。但法律、司法解释对股份公司,特别是上市公司股权隐名代持行为的效力未作明确规定。证监会虽一直要求上市公司股权应当清晰[①],但其相关规章的出台并未杜绝上市公司股权代持情形的存在。本文探讨在上市公司股权转让与股权代持中,违反《公司法》《证券法》对于上市公司股权转让的相关限制,是否当然的导致股权转让、股权代持协议无效。

裁判要旨

涉及上市公司股权转让与代持的协议中,代持已上市公司 5% 以下的股权,代持协议有效。现行《公司法》《证券法》对上市公司股份转让的地点限制,不影响上市公司股权转让与股份代持协议的效力。

争议焦点

1. 当事人针对上市公司股权交易的相关文件中未明确写明“股权转让”“股权代持”,是否影响双方股权转让、代持关系的成立?

---

① 证监会颁布的《首次公开发行股票并上市管理办法》第 13 条规定:“发行人的股权清晰,控股股东和受控股股东、实际控制人支配的股东持有的发行人股份不存在重大权属纠纷。”

2. 违反《公司法》《证券法》对上市公司股份转让相关限制的，股权转让、代持协议是否当然无效？

案情概要

（一）基本案情

1. 案例索引

案号：（2017）最高法民申 5055 号、（2017）湘民终 104 号、（2015）怀中法民二初字第 125 号

案由：股权转让合同纠纷

审理法院：最高人民法院（再审）、湖南省高级人民法院（二审）、湖南省怀化市中级人民法院（一审）

裁判时间：2017 年 12 月 28 日（再审）

2. 案件基本事实

2013 年 6 月陈某以每股 9.27 元的价款将其名下 500 万股某上市公司股票（股票代码 002505）转让给王某，总计转让价款为 4635 万元。2013 年 8 月 12 日，陈某向王某出具《承诺书》，“本人承诺在某上市公司完成非公开发行后，替王某代持 500 万股，每股价格按 9.27 元计算，总计肆仟陆佰叁拾伍万元整。解禁后，由王某安排继续持有或交易（符合证券法规前提下）。税收由本人承担（交易税）。款项在 2013 年 8 月 17 日前付肆仟万元，余款年底付清，肆仟万付至本人或某上市公司账上后，本承诺生效”。2013 年 8 月 16 日，王某委托湖南大康实业投资有限公司将 4000 万元股价款打入陈某指定的某上市公司账户。另外的 635 万元股价款则通过抵扣王某对陈某享有的债权的方式支付（陈某与王某 2013 年 5 月 6 日签订的《协议书》中王某对陈某享有 9756 万元债权本金）。

另查明，2011 年 11 月 18 日，某上市公司股票在深圳证券交易所上市。某上市公司 2013 年度利润分配方案是以资本公积金向全体股东每 10 股转增 5 股（2014 年 4 月 15 日）；2014 年半年度利润分配方案是以资本公积金向全体股东每 10 股转增 12 股（2014 年 8 月 28 日）。根据某上市公司 2013 年

至2014年半年度利润分配方案，以及2014年年度报告显示，至2014年10月15日公司完成2014年半年度权益分派方案的实施，本案争议转让的某上市公司500万股股票增至1650万股。

现王某向法院诉请解除陈某、王某之间的委托代理关系，要求陈某将所代持的某上市公司1650万股过户登记到王某名下。

原告、被告在一审中的主张：

王某（一审原告、二审被上诉人、再审申请人）主张：（1）2013年8月12日，陈某亲自向王某出具《承诺书》，该承诺书约定了转让标的、数量、价格、价款支付等，是一份完整的股权转让协议，陈某作为原始股东，其所持有的股票在解禁期不能交易，由王某委托陈某代为持有。（2）王某于2013年8月16日将4000万元款项委托湖南大康实业投资有限公司已经支付到陈某指定的某上市公司账户，余款在2013年年底全部付清。（3）承诺书不违背法律禁止性规定，是有效的。

陈某（一审被告、二审上诉人、再审被申请人）主张：（1）陈某与王某之间不存在股权转让关系。①在《承诺书》中，陈某与王某并未约定股权转让关系，陈某仅承诺为王某代持500万股股份，该《承诺书》系双方当事人就代持股份事宜达成的意向性约定。②王某并未提交向陈某支付500万元股份对价的证据，王某委托大康实业投资有限公司转账4000万元至某上市公司账户，无陈某的明确付款指令。③陈某向王某提供某上市公司账户的行为不能证明王某系按陈某的指令支付股权转让款。（2）《承诺书》签订于2013年8月12日，此时，某上市公司已为上市的股份有限公司，即使认定《承诺书》的内容系陈某将其持有的某上市公司股份转让给王某，该行为亦违反《公司法》第138条及《证券法》第39条的规定，且损害社会公共利益，应属无效行为。

某上市公司（二审第三人）述称：（1）某上市公司经初步核查没有湖南大康实业投资有限公司向其支付4000万元的转账记录。（2）《承诺书》是陈某的单方声明，不能视为股权交易行为，即使陈某代王某持股，也只有100万股，相应价款1464万元。（3）关于代持行为，因公司法规定，要想让王某成为股东必须得到过半数以上股东同意，而且上市公司要求信息公开、股东名册公开，不能够存在代持行为，故《承诺书》本身无效。

（二）法院观点及判决

■ 一审湖南省怀化市中级人民法院

本案系股权转让合同纠纷。股权转让的完成包含两个行为，即设定股权转让协议的负担行为与实际产生股权转让变动效果（股票交付）的处分行为。我国公司法中关于发起人股权转让限售期的规定，只是限制股权转让变动效果（股票交付）之发生，而并不禁止在限售期内设定股权转让协议。股权转让协议之效力依据合同法方面的相关规定来判断。就本案而言，首先，王某受让陈某名下 500 万股某上市公司股票（股票代码 002505）的股权转让合同，系双方当事人的真实意思表示，不违反法律的禁止性规定，应当合法有效。双方当事人应当严格按照约定行使权利履行义务。现王某已经按照约定向陈某支付了 4635 万元股票转让价款，完成了负担的义务。因此，按照约定王某享有该 500 万股某上市公司股票（股票代码 002505）的投资权益。其次，从《承诺书》内容来看，陈某替王某代持股票（委托代理）其实质就是对股票交付的一种变通安排，即在陈某股票限售期内仍将本案所涉 500 万股某上市公司股票（股票代码 002505）登记在陈某名下，待陈某名下某上市公司股票（股票代码 002505）解禁后再进行股票的交付。该种约定和安排，因在限售期内没有发生股票登记的变动，而没有违反公司法关于发起人股票限售期内不得转让变动的相关规定，系一种合法的股票交付安排行为，应当受到法律的保护。现某上市公司股票自 2011 年 11 月 18 日上市至审判时已逾 5 年，陈某名下某上市公司股票已不在法律规定的限售期内。因此，王某现在要求陈某交付本案所涉股票并无不妥。同时，从委托代理关系（代持）而言，根据《合同法》第 410 条"委托人或者受托人可以随时解除委托合同。因解除合同给对方造成损失的，除不可归责于该当事人的事由以外，应当赔偿损失"之规定，现王某要求解除代持关系系对自身权利的行使，应当予以尊重。因此，该代持关系解除后，陈某应当将其替王某代持的 500 万股某上市公司股票（股票代码 002505）及其送股共计 1650 万股归还给王某。

基于上述，一审湖南省怀化市中级人民法院判决：(1)解除王某与陈某之间的委托代理协议；(2)陈某于判决生效后10日内交付王某某上市公司股票(股票代码002505)1650万股。

■ 二审湖南省高级人民法院

关于王某与陈某之间是否存在股份转让及代持关系。 2013年8月12日，陈某向王某出具《承诺书》，承诺在某上市公司完成非公开发行后替王某持股500万股，并约定了股票的价格、总金额4635万元以及该4635万元的支付时间，陈某股票解禁后，由王某安排继续持有或者交易。从该《承诺书》的内容来看，双方系股份转让及代持关系。因该《承诺书》系陈某亲自书写，陈某在本案中没有提交任何证据证明该《承诺书》虚假或系被胁迫书写，因此该《承诺书》系其真实意思表示。在《承诺书》签订后，王某按照陈某的指示在《承诺书》约定的时间内将4000万元支付至陈某指定的某上市公司账户，剩余635万元款项亦在《承诺书》约定的时间内以抵扣方式付清。故王某已经实际履行了双方的股份转让及代持协议。虽然王某4000万元股权转让款是支付至某上市公司账户，但该账户系陈某在手机短信中所指定的账户，陈某不能以此否认其收到相关股份转让款的基本事实。因此，王某提交的系列证据已经形成证据链，能够证明陈某与王某之间存在股份转让、代持关系。

关于本案《承诺书》的效力。 陈某在《承诺书》中承诺将500万股以9.27元每股的价格转让给王某，在陈某的股票解禁后，由王某安排继续持股或者交易。故从该《承诺书》的内容来看，双方既有股份转让关系，又有股份代持关系。陈某向王某转让部分股份系对自己财产权利的处分，不具有《合同法》第52条规定的无效情形，属于有效合同。虽然2013年《公司法》第138条规定，“股东转让其股份，应当在依法设立的证券交易场所进行或者按照国务院规定的其他方式进行”，但该条款是要求办理股份变动手续应当在规定场所完成，不影响本案股份转让合同的效力。且根据证监会和上海及深圳交易所的规定，上市公司股东转让股份，既可以通过集中竞价交易方式进行，也可以通过协议方式转让，案涉股份转让协议不违反前述规定。至于股份代持协议的效力问题,根据2011年《公司法司法解释(三)》第25条第1款的规定:有限责任公司的实际出资人与名义出资人订立合同,约定由实际出资人出资并享有投资权益,以名义出资人为名义股东,实际出资人与名义股东对该合同效力发生争议的,如无《合同法》第52条规定的情形,人民法院应当认定合同有效。该条款明确规定有限责任公司股权代持协议的法律效力。某上市公司虽然是上市股份有限公司,但从法理上讲,公司法和其他法律、法规并未明文规定禁止该类公司股份代持,更未宣告该类代持协议无效。故参照前述司法解释的法律精神,本案股份代持协议应为有效协议。此外,公司法中关于股权转让应当经过股东过半数同意是针对有限责任公司,某上市公司作为股份有限公司,其股份的转让不受此限制。故陈某及某上市公司在本案中提出的承诺书无效的主张没有法律依据,法院依法予以驳回。

基于上述,二审湖南省高级人民法院认为:陈某的上诉请求均不能成立,应予驳回;一审判决认定事实清楚,适用法律正确,应予维持。

■ 再审最高人民法院

关于王某与陈某之间是否存在股权转让关系。股权转让是股东之间或者股东向股东以外的人转让股权的行为。在股权转让关系中,投资者通过购买目标公司的股份,取得目标公司的股权,并依据公司章程或法律规定享有股东权利、承担股东义务。投资者既可基于工商登记成为在册股东,亦可基于股份代持协议委托他人代为持有目标公司股份。就本案而言,陈某认可《承诺书》是其出具,并认可其在《承诺书》签订期间持有某上市公司的股份,当时,该部分股份尚在限售期内。从《承诺书》的内容看,虽未有股权转让字样,但在该《承诺书》中,陈某围绕股份数额、每股单价、股份总价等向王某作出承诺,并明确在限售期满后,该股份由陈某继续持有还是进行交易,由王某安排,其中包含了将其持有的某上市公司股份转让给王某的意思表示,也符合股权转让的实质要件。关于陈某提出的款项支付问题,根据原审查明的事实,虽然王某并未直接向陈某支付股权转让款,而是由湖南大康实业投资有限公司进行支付,款项亦未直接支付到陈某的账户,但陈某已明确在《承诺书》中指定某上市公司可以收取4000万元款项，湖南大康实业投资有限公司也出具《证明》，证实其向某上市公司支付的4000万元系受王某委托支付给陈某购买500万股股份的往来款，且有银行转账凭证佐证。上述事实可相互印证，证实湖南大康实业投资有限公司转给某上市公司的4000万元款项即为王某向陈某购买某上市公司500万股股份的款项，王某已履行款项支付义务，表明其认可陈某通过《承诺书》方式就股权转让事宜所作安排。在因股权转让而产生的股份代持关系中，转让人与受让人不对代持的股份进行股权登记变更，而是仍登记于转让人名下，由此形成股份代持关系。因此，一审法院认定陈某与王某之间存在股权转让关系，并无不当。

关于《承诺书》是否合法有效。根据《承诺书》的约定，4000万元付至陈某本人或某上市公司账上后，承诺生效。王某受让的某上市公司股份在限售期满后是由陈某继续代为持有还是进行交易，由王某决定。《承诺书》系陈某对王某作出的单方承诺，王某对该《承诺书》予以认可，并按《承诺书》要求完成了股权转让款的交付义务，表明《承诺书》已经生效，陈某与王某之间实际上形成股权转让与股份代持关系。在此关系下，王某受让的某上市公司股份由陈某代持，而股权登记并未发生变更，仍登记在陈某名下。某上市公司虽然为上市股份有限公司，《公司法》第138条和《证券法》第39条也对股份有限公司股份、债券的转让和交易作出了限制性规定，但其是对股份有限公司股份、债券转让和交易在履行时具体场所的限定，而非对股权转让与股份代持关系效力的规定。只要股权变更登记等股权转让相关手续是在证券交易所或者国务院批准的其他证券交易场所，并按法律法规规定的方式完成，当事人之间形成的股权转让与股份代持关系便不违反上述法律规定。并且，根据《公司法》第137条的规定，股东持有的股份可以依法转让。结合本案，作为某上市公司的股东，陈某依法转让自己持有的某上市公司股份，是其对自己权利的正常处分，并不违反法律、行政法规的强制性规定。陈某虽然在限售期内与王某形成股权转让与股份代持关系，但其持有的某上市公司股份并未实际交付给王某，股权仍登记在陈某名下。对于股份何时交付或股权何时变更，双方当事人并未约定具体期限，只是约定在限售期满后是由陈某继续代为持有还是进行交易,由王某安排,而且,对于继续代为持有或者交易,当事人已明确应符合证券法规的规定。该股权转让与股份代持关系,既不会引起陈某股东身份及某上市公司股权关系的变化,也不会免除陈某作为某上市公司股东所应承担的责任,并不违反《公司法》第 138 条和《证券法》第 39 条的相关规定。陈某主张《承诺书》无效,无事实和法律依据。

基于上述,再审最高人民法院认为,陈某的再审申请不符合 2012 年《民事诉讼法》第 200 条第 2 项、第 6 项规定的情形,裁定驳回陈某的再审申请。

焦点问题评析

本案的争议焦点在于:(1)当事人针对上市公司股权交易的相关文件中未明确写明"股权转让""股权代持",是否影响双方股权转让、代持关系的成立?(2)违反《公司法》《证券法》对上市公司股份转让相关限制的,股权转让、代持协议是否当然无效?

(一)股权转让、代持关系是否成立

就股权转让和委托代持关系是否存在这一问题,各级审理法院均综合本案各项事实和证据得出了肯定的结论。虽然当事人之间的《承诺书》并无股权转让的明确表述,但从《承诺书》的内容来看,陈某围绕股份数额、每股单价、股份总价等向王某作出承诺,明确限售期满后,王某可以决定该股份由陈某继续持有还是进行交易,其中已经包含了陈某将某上市公司股份转让给王某,并在限售期内代王某持股的意思表示。此外,从当事人之间的资金往来记录可以认定,王某已经通过某投资公司和某上市公司实际支付了股权转让款。综合来看,王某和陈某之间存在股权转让和委托代持关系。

(二)股权转让、股权代持协议的效力

就案涉《承诺书》(股权转让、股权代持协议)的效力问题来看,本案中转让和代持标的为上市公司股份,较之有限公司股份存在特殊性。但各级法院均认定,《公司法》《证券法》只对上市公司股份转让的地点进行限制,并未认定上市公司股权转让与股份代持无效。本案中,首先,陈某作为某上市公司的股东,依法转让自己持有的股份,是其对自己权利的正常处分,并不违

反法律、行政法规的强制性规定。其次,陈某虽然在限售期内与王某形成股权转让与股份代持关系,但其并未在限售期内交付该股份,不违反关于限售期的规定。最后,对于股份何时交付或股权何时变更,双方当事人约定在限售期满后由王某决定,且该决定需要符合证券法规的规定。综合来看,双方达成的股权转让与代持协议既不会引起陈某股东身份及某上市公司股权关系的变化,也不会免除陈某作为某上市公司股东所应承担的责任,并不违反《公司法》《证券法》的有关规定,应属有效。因此,对于处于禁售期期间的股权,立法目的是通过限制发起人股票转让及变动股东身份而套现,避免存在利益输送或欺诈发行等不当利益。因此,只要发起人在禁售期内对外仍然保持其股东身份和股票数量,就可以对该发起人起到法律拘束力。因此,发起人在限售期内转让其股票并予以代持,仅是在发起人与受让人之间起到内部约定的转让效力,受让人取得的是请求权,并不能引起股份权属变动的效果,该转让协议如果不具备其他法定无效情形,原则上应属有效。

从上述案例可以看出,股权转让与股权代持关系的认定需要以当事人的协议为基础,考察当事人的真实意思,同时从当事人的资金往来状况考察该协议是否实际履行。上市公司股份转让与代持并非绝对无效,如果股权转让与代持协议不影响上市公司股权关系变动,也不会免除显名股东责任,则不会仅因违反《公司法》《证券法》禁售期和交易场所的限制而当然无效。

第四章

股权代持纠纷涉及的第三人（上）——名义股东债权人的利益保护及衡量

在第一章至第三章中，我们已分别就“代持协议的效力认定”“代持法律关系的认定”“隐名股东的显名化”的相关问题进行了探讨。本章及下一章中，我们将主要讨论股权代持法律关系中涉及的“第三人利益保护及衡量”问题，本章拟就名义股东债权人的利益保护及衡量问题进行专项分析、探讨；下一章拟就其他第三人，包括目标公司的债权人、代持股权的受让人、隐名股东的债权人等利益保护及衡量问题进行分析、探讨。

在股权代持法律关系中（含显名化），直接涉及的主体包括名义股东、隐名股东、目标公司及其他股东。除此之外，还可能间接涉及包括名义股东的债权人、隐名股东的债权人、目标公司的债权人、代持股权受让人等在内的其他诸多第三人的利益。当第三人利益与其他主体的利益产生冲突时，如何进行利益衡量，司法实践中争议较大。《九民会议纪要》对此部分虽有涉及，但相关争议仍将存在。

本章重点讨论的问题是：在执行程序中，隐名股东能否通过案外人执行异议之诉，排除名义股东的金钱债权人对代持股权的强制执行。在本章中，我们共选取了最高人民法院的4个典型案例进行分析，结合相关地方高级人民法院的司法文件、《九民会议纪要》征求意见稿及正式稿的相关条款进行延伸解读。

案例一

实际出资人不得以代持协议为由对抗外部债权人对显名股东的正当权利

——王某与刘某等案外人执行异议之诉案评析

股权实际出资人能否以股权代持协议为由,对抗名义股东外部债权人的强制执行,这是司法实践中常见的股权代持纠纷。其背后的主要分歧在于如何理解《公司法》第 32 条中的“第三人”的范围,即“第三人”究竟是仅限于进行股权交易的第三人,还是包括信赖工商登记的名义股东的债权人。关于隐名出资人与名义股东债权人的利益衡量问题,最高人民法院裁判不一,其政策文件也有发展和完善。从《最高人民法院关于执行权合理配置和科学运行的若干意见》到《最高人民法院关于人民法院办理执行异议和复议案件若干问题的规定》,再到《九民会议纪要》的公布,以及各地高级人民法院出台的相关文件,都试图为实务操作提供确定性的司法指导,但仍有相关争议留存。

裁判要旨

隐名股东对外不具有公示股东的法律地位,不得以内部股权代持协议有效为由对抗外部债权人对显名股东的正当权利。名义股东非基于股权处分的债权人应属于法律保护的“第三人”范畴,该债权人在强制执行申请过程中的信赖利益应受到法律的优先保护。

争议焦点

1. 股权代持关系合法有效是否阻却对诉争股权的强制执行?

2.《公司法》第 32 条所保护的第三人的范围作何解释?

案情概要

(一)基本案情

1. 案例索引

案号:(2016)最高法民申 3132 号、(2016)吉民终 35 号、(2014)长民二初字第 16 号

案由:案外人执行异议之诉

审理法院:最高人民法院(再审)、吉林省高级人民法院(二审)、吉林省长春市中级人民法院(一审)

裁判时间:2016 年 12 月 28 日(再审)、2016 年 4 月 15 日(二审)

2. 案件基本事实

2013 年 5 月,王某发起设立长春某小额贷款有限公司,注册资本为人民币 5000 万元,其中王某承诺出资 1000 万元,詹某承诺出资 500 万元。2013 年 9 月,长春某小额贷款有限公司开始验资,而詹某表示无钱出资,遂约定,由王某替詹某出资 500 万元,王某为实际出资人,詹某为名义股东。如果 2013 年 12 月前,詹某能完成实际出资义务,将 500 万元支付给王某,则詹某即可成为实际股东。2013 年 9 月 29 日王某与詹某签订《委托持股协议》,明确约定:"乙方(詹某)在长春某小额贷款有限公司所持的 10% 的股权(对应出资人民币 500 万元),为乙方自愿代甲方(王某)持有,甲方为实际出资人。乙方承诺于 2013 年 12 月 31 日前完成实际出资义务,将出资额 500 万元人民币直接支付给甲方,甲方收到乙方出资额后,本协议自动终止。"后因詹某明确表示不能履行向王某交付 500 万元出资额的义务,2013 年 12 月 2 日,长春某小额贷款有限公司要求办理股权变更手续。

刘某系詹某的债权人,因詹某未履行债务,故刘某提出对詹某的执行申请。长春市中级人民法院于 2013 年 8 月 28 日冻结了登记在詹某名下的长春某小额贷款有限公司的 10% 的股权。王某以案外人的身份向长春市中级人民法院提出执行异议,认为长春市中级人民法院查封的詹某持有的长春

某小额贷款有限公司10%股权应系其所有。长春市中级人民法院审查后裁定驳回王某提出的执行异议。随后王某提起案外人执行异议之诉。

原告、被告在一审中的主张：

王某(一审原告、二审被上诉人、再审申请人)主张：(1)依法确认登记在被告詹某名下的长春某小额贷款有限公司10%股权(对应出资人民币500万元)为王某所有；(2)依法停止对执行案件中詹某名下的长春某小额贷款有限公司10%股权的强制执行。

刘某(一审被告、二审上诉人、再审被申请人)主张：长春某小额贷款有限公司的工商档案登记显示詹某为股东，依据《公司法》及长春某小额贷款有限公司章程的规定，股东变动没有经过工商部门变更登记的不能对抗第三人。因此应当对执行案件中詹某名下的长春某小额贷款有限公司10%股权进行强制执行。

(二)法院观点及判决

■ 一审吉林省长春市中级人民法院

王某与詹某签订的《委托持股协议》系双方真实意思表示，内容合法，应为有效的合同。依据《委托持股协议》内容和协议双方的实际履行情况，王某实际完成了对长春某小额贷款有限公司的出资义务，应系诉争登记在詹某名下长春某小额贷款有限公司10%股权的实际出资人。对于詹某系属于名义股东，代王某持股的行为，长春某小额贷款有限公司在第一次股东会上也有明确的记载和认可。因此，王某系登记在詹某名下的长春某小额贷款有限公司10%股权的实际出资人，实际享有该股权权利。诉争10%的股权虽然登记在詹某名下，但詹某并非该股权的实际所有人，并不享有该财产权利。2013年《公司法》第32条的规定立法本意在于维护交易安全，减少交易风险，而刘某申请执行诉争股权的行为并非商事交易行为，因此本案并不适用该法律条款规定。故王某享有足以排除强制执行的实体权利，其诉讼请求停止执行，法院予以支持。

基于上述，一审吉林省长春市中级人民法院依据《合同法》第52条、2013年《公司法》第32条、2011年《公司法司法解释(三)》第25条、2012年

《民事诉讼法》第64条、《民事诉讼法司法解释》第310条、第312条，判决：(1)执行案件中不得执行登记在被告詹某名下的长春某小额贷款有限公司10%的股权；(2)驳回原告王某的其他诉讼请求。

■ **二审吉林省高级人民法院**

股权外观主义原则是判断股权权属的基本原则。《公司法》第32条第3款规定："公司应当将股东的姓名或者名称向公司登记机关登记；登记事项发生变更的，应当办理变更登记。未经登记或者变更登记的，不得对抗第三人。"本案中，长春某小额贷款有限公司工商登记及工商档案中的股东名册、验资报告及长春某小额贷款有限公司的公司章程均记载涉诉股权的股东为詹某，长春某小额贷款有限公司的公司章程亦明确规定股东变更没有经过工商部门变更登记的不能对抗第三人。申请强制执行案件立案及法院查封诉争股权时，长春某小额贷款有限公司尚未申请变更工商登记，将诉争股权的股东由詹某变更为王某，故对王某的诉讼请求不予支持。王某与詹某之间的代持股关系合法有效与否不影响对诉争股权的强制执行。

基于上述，二审吉林省高级人民法院认为，一审判决适用法律错误，依据《公司法》第32条第3款、2012年《民事诉讼法》第170条第1款第2项，判决：(1)撤销吉林省长春市中级人民法院民事判决；(2)驳回王某的诉讼请求。

■ **再审最高人民法院**

关于王某是否享有排除强制执行的民事权利。首先，**关于2013年《公司法》第32条第3款规定的理解与适用问题**，该条款规定："公司应当将股东的姓名或者名称向公司登记机关登记；登记事项发生变更的，应当办理变更登记。未经登记或者变更登记的，不得对抗第三人。"工商登记是对股权情况的公示，与公司交易的善意第三人及登记股东之债权人有权信赖工商机关登记的股权情况并据此作出判断。本案中，王某与詹某之间的《委托持股协议》已经一审、二审法院认定真实有效，但其股权代持协议仅具有内部效力，对于外部第三人而言，股权登记具有公信力，隐名股东对外不具有公示股东的法律地位，不得以内部股权代持协议有效为由对抗外部债权人对显名股东的正当权利。最高人民法院认为,2013 年《公司法》第 32 条第 3 款所称的第三人,并不限缩于与显名股东存在股权交易关系的债权人。根据商事外观主义原则,有关公示体现出来的权利外观,导致第三人对该权利外观产生信赖,即使真实状况与第三人的信赖不符,只要第三人的信赖合理,第三人的民事法律行为效力即应受到法律的优先保护。基于上述原则,名义股东的非基于股权处分的债权人亦应属于法律保护的"第三人"范畴。因此,本案中詹某因其未能清偿到期债务而成为被执行人时,刘某作为债权人依据工商登记中记载的股权归属,有权向人民法院申请对该股权强制执行。

其次,**关于本案能否适用 2008 年《民事执行规定》第 17 条、第 31 条规定的问题**。王某申请再审主张其为案涉股份的实际权利人,应当按照第 31 条的规定解除查封。就股权的实际权利人与外观权利人的关系问题,前文已经阐述,此处不再赘述。2008 年《民事执行规定》第 17 条规定的是被执行人将需要登记过户的财产出卖给案外人的情形,买受人得以排除强制执行的要件有四点:一是签订买卖合同,二是支付全部价款,三是实际占有财产,四是未经登记的过错不在于买受人。本案系代持股权引发的争议,并非买卖交易,不适用该条款,即使参照该条款的规定,王某将自有股份登记在詹某名下的行为也不符合上述要件的第四项,即买受人对未经变更登记无过错。故最高人民法院对王某的该项主张不予支持。

另外,关于王某在最高人民法院询问中提出的二审法院遗漏诉讼请求的问题,法院认为,按照 2012 年《民事诉讼法》第 200 条的规定,民事再审审查坚持法定事由审查的原则,王某在法律规定的申请再审期限内向法院申请再审所提出的事由仅为第 200 条第 6 项,而其于 2016 年 12 月 5 日提出按照第 11 项的事由申请再审,已经超过了六个月的再审申请期限,最高人民法院不应予以审查。此外,王某提出的诉讼请求的第 1 项为请求确认其享有长春某小额贷款有限公司 10% 的股权,最高人民法院认为,根据 2013 年《公司法》的相关规定及 2014 年《公司法司法解释(三)》第 21 条的规定,当事人向人民法院起诉请求确认其股东资格的,应当以公司为被告,与案件争议股权有利害关系的人作为第三人参加诉讼。本案系执行异议之诉,长春某小额贷款有限公司并非本案当事人，审理的法律关系亦非股权归属，在法律关系不同、诉讼当事人不同的情形下，二审法院仅在事实认定部分确认案涉10%股份的实际出资人，而未在判决主文中对该诉讼请求予以确认或驳回，并无不当。

综上，王某的再审申请不符合2012年《民事诉讼法》第200条第6项之规定，依照2012年《民事诉讼法》第204条第1款、2015年《民事诉讼法司法解释》第395条第2款之规定，最高人民法院裁定如下：驳回王某的再审申请。

焦点问题评析

（一）关于代持股关系能否阻却对诉争股权的强制执行

本案一审、二审法院虽然都认可代持协议的效力和王某系实际出资人的地位，但是对于股权权属及诉争股权能否阻却名义股东的债权人的强制执行观点不一致。

一审长春市中级人民法院认为，已查明王某系诉争股权的实际出资人，应认定该股权系王某所有，且刘某申请执行诉争股权的行为并非商事交易行为，本案并不适用该法律条款规定。因此，王某享有足以排除强制执行的实体权利。换言之，长春市中级人民法院认为刘某并非在股权转让等商事交易中对该股权负有特定信赖利益的相对方，不应享有优先于实际出资人的权利。

二审吉林省高级人民法院和再审最高人民法院则认为，股权外观主义原则是判断股权权属的基本原则。未经登记或者变更登记的，不得对抗第三人。因此，虽然王某系诉争股权的实际出资人，但由于工商登记的股东为詹某，则该股权的所有人应当认定为詹某，第三人刘某基于股权外观主义有权对属于詹某的股权申请强制执行，即王某与詹某之间的代持股关系合法有效与否，并不影响对诉争股权的强制执行。换言之，二审法院和再审法院并未对交易相对方的交易行为、交易地位予以特别区分。

本案中，对于《公司法》第32条第3款“公司应当将股东的姓名或者名称向公司登记机关登记;登记事项发生变更的,应当办理变更登记。未经登记或者变更登记的,不得对抗第三人”中的“第三人”如何理解,直接影响到代持股权的实际出资人能不能排除法院强制执行的问题。本案中,最高人民法院的判决主要从工商登记的公示公信力出发,认为工商登记是对股权情况的公示,对不特定之社会大众均有公信力,肯定了善意债权人对股权登记的合理信赖利益,从而将工商登记作为被执行人的债权人在执行过程中最终认定股权权属的根据,排除股权实际出资人以股权代持为由进行的抗辩。

(二)关于对“第三人”范围理解的争议

关于这一问题,理论界与实务界存在颇多争议。第一种观点即为本案的观点,按照商事外观主义,实际出资人不得以代持协议为由对抗外部债权人对显名股东的正当权利。① 第二种观点则恰好相反,按照实际权利主义,认为商事外观主义原则的适用范围不包括非股权交易第三人,名义股东因借款等非股权交易纠纷而成为被执行人时,实际出资人以其实际享有股东权利,可以请求排除对该股权的强制执行。②

两种观点的争议焦点在于,在判断“公示公信”及“商事外观主义”原则保护的第三人时,是否仅限于特定交易行为(如股权交易)相对人的角度,还是不特定社会大众第三人的角度,商事外观主义之信赖利益的指向标的是什么,法律适用上究竟是依据《公司法》第 32 条第 3 款规定的“不得对抗第三人”还是适用《民法典》第 65 条规定的“不得对抗善意相对人”。

---

① 除本书第四章案例一和案例二所特别分析的案例之外,最高人民法院(2013)民二终 111 号民事判决书、最高人民法院(2019)民再 45 号民事判决书、最高人民法院(2017)最高法民终 100 号民事判决书中,均认可非股权交易的第三人具有信赖利益,实际股东不得排除股权强制执行。参见司伟:《有限责任公司实际出资人执行异议之诉的裁判理念》,载《人民法院报》2018 年 8 月 22 日,第 7 版。

② 除本书第四章案例一和案例二所特别分析的案例之外,最高人民法院(2020)最高法民终 844 号民事判决书、江西省高级人民法院(2018)赣民终 89 号民事判决书中,均认可非股权交易第三人不具有信赖利益,金钱债权第三人的利益不能优先于实际出资人受到保护。参见张勇健:《商事审判中适用外观主义原则的范围探讨与最高人民法院〈关于适用《中华人民共和国公司法》若干问题的规定(三)〉相关条文对照》,载《法律适用》2011 年第 8 期;王毓莹:《股权代持的权利架构——股权归属与处分效力的追问》,载《比较法研究》2020 年第 3 期。

（三）司法实务观点评析

对于这一问题，地方高级人民法院也陆续出台了一系列文件予以规定：

2018 年 7 月 17 日，《山东省高级人民法院民二庭关于审理公司纠纷案件若干问题的解答》第 6 条规定，“名义股东因借款、买卖等非股权交易纠纷而成为被执行人时，名义股东债权人依据工商登记中记载的股权归属，申请对该股权强制执行。实际出资人以其实际享有股东权利，提出执行异议被驳回后，又提起案外人执行异议之诉，请求停止对该股权强制执行的”，法院应予以支持。

2018 年 12 月 24 日，《吉林省高级人民法院关于审理执行异议之诉案件若干疑难问题的解答（二）》问题十四：“金钱债权执行中，案外人以其系案涉股权的实际出资人或隐名股东为由提起执行异议之诉请求排除执行的，人民法院该如何处理？答：金钱债权执行中，人民法院对登记在被执行人名下的股权实施执行，案外人仅以其系案涉股权的实际出资人或隐名股东为由提起执行异议之诉请求排除执行的，除法律另有规定外，人民法院不予支持。”

2019 年 3 月 21 日，《江苏省高级人民法院执行异议及执行异议之诉案件审理指南（三）》第 18 条规定：“执行法院对登记在被执行人名下的股权实施强制执行，案外人以其系真实股东或实际出资人为由提出执行异议，请求排除执行或一并提出确认其股东资格的，不予支持。案外人因此提起的执行异议之诉，如其提供的证据能够充分证明申请执行人明知或应知其是隐名股东或实际出资人的，应予以支持；否则，不予支持。”

2019 年 6 月 22 日，《江西省高级人民法院关于执行异议之诉案件的审理指南》第 38 条规定：“人民法院对登记在被执行人名下的股权强制执行，案外人以其系实际出资人为由提起执行异议之诉，请求排除执行的，不予支持。”

依据上述地方高级人民法院的司法文件，在金钱债权的执行中，山东省高级人民法院认为，隐名股东通过执行异议之诉，可以排除名义股东债权人对代持股权的强制执行；吉林省高级人民法院、江苏省高级人民法院以及江西省高级人民法院则认为,隐名股东通过执行异议之诉,原则上不能排除名义股东债权人对代持股权的强制执行。由此可以看出,各地方高级人民法院的司法文件对该问题的认识与理解,也是分歧极大,莫衷一是。

在《九民会议纪要》征求意见稿中,其第 119 条曾经规定:“在金钱债权执行过程中,人民法院针对登记在被执行人名下的房产或者有限责任公司的股权等实施强制执行,案外人有证据证明其系实际出资人,与被执行人存在借名买房、隐名持股等关系,请求阻却执行的,人民法院应予支持。”

但是,《九民会议纪要》正式发布时,最终删除了上述第 119 条,新增第 123 条【案外人依据另案生效裁判对非金钱债权的执行提起执行异议之诉】、第 124 条【案外人依据另案生效裁判对金钱债权的执行提起执行异议之诉】的规定。案外人能否在执行异议之诉中依据另案生效裁判排除强制执行,原则上基于“物权优于债权”,按照如下路径进行判断:

第一,如果隐名股东已取得股权的另案权属确权生效裁判,则一般可据此排除强制执行。但如果名义股东债权人的执行依据也是涉案股权的权属确权生效裁判,原则上可以阻止案外人的执行异议之诉。这与最高人民法院在(2015)最高法民申 2381 号案中体现的裁判规则基本一致。

第二,如果隐名股东仅取得代持合同效力认定或投资收益权确认等债权生效裁判,则一般不可据此排除强制执行,但值得注意的是,此时仅是指隐名股东不能依据另案债权生效裁判排除强制执行。假设隐名股东在取得另案债权生效裁判后,在执行异议之诉中进一步提出股权权属的确权请求,并经执行法院审理确认股权权属的,法院仍旧需要对相关主体利益进行衡量,并不必然推出当然无法排除强制执行的结论。当然,这种情况发生的概率可能较小,实践中如果隐名股东符合显名条件,通常会在另案中要求确认股权,而不会仅要求确认债权。

第三,我们理解,隐名股东的另案生效裁判应当是名义股东债权人提起执行查封措施之前已经取得,由此才有比较请求权性质的基础。如未取得另案裁判依据,依据《最高人民法院关于执行权合理配置和科学运行的若干意见》(法发〔2011〕15 号)第 26 条以及《异议复议规定》,在执行法院对诉争代持股权采取执行措施后，隐名股东只能提起执行异议之诉解决。

实际上，《九民会议纪要》在具有总则性质的“引言”部分对商事外观主义及信赖利益的适用范围就已经进行了特别提示，强调一般适用于交易行为的相对方，“实际权利人与名义权利人的关系，应注重财产的实质归属，而不单纯地取决于公示外观。总之，审判实务中要准确把握外观主义的适用边界，避免泛化和滥用”。

据此，非股权交易的相对人原则上是否能援引“商事外观主义”保护的第三人信赖利益规定，对“外观主义”泛化及滥用的规制和“实质重于形式”的导向究竟为何，对于名义股东的金钱债权人与实际出资人之间的利益衡量，仍有待进一步研究。

股权外观主义原则是判断股权权属的基本原则。基于外观主义，第三人的信赖利益应当受到保护，因此其可以申请执行登记股东名下的股权。至于代持股协议，应当遵循合同相对性的原则，仅在委托人与受托人之间产生内部约束力，既不能改变股权的权属关系，也不能对抗第三人申请的强制执行。对于第三人的范围的理解，我们期待司法裁判的“一锤定音”。

案例二

实际出资人不能排除名义股东的金钱债权人针对代持股权的强制执行

——某银行济南分行、H集团公司案外人执行异议之诉案评析

在股权代持法律关系中，直接涉及的主体包括名义股东、隐名股东、目标公司及其他股东。除此之外，还可能间接涉及包括名义股东的债权人、隐名股东的债权人、目标公司的债权人、代持股权受让人等在内的其他诸多第三人的利益。当第三人利益与其他主体的利益产生冲突时，如何进行利益衡量，考察最高人民法院在作出裁判时所考量的具体因素，研究司法政策价值导向对裁判结果的影响，以为实务操作提供一定指南。如我们此前所论述，在“第三人”利益保护问题上，各地法院的司法政策莫衷一是，各级法院的裁判结果也是各有倾向，需要结合立法目的、财产安全、交易安全等对权益保护顺序进行衡量。

裁判要旨

股权代持法律关系不得对抗第三人。名义股东的金钱债权人就代持股权申请强制执行，隐名股东以其为代持股权的实际权利人为由，提起执行异议之诉请求排除强制执行的，不予支持。

争议焦点

1. 股权代持关系是否阻却金钱债权人对股权的强制执行？

2. 司法政策价值导向对股权代持关系阻却股权强制执行的影响究竟为何？

案情概要

(一)基本案情

1. 案例索引

案号:(2016)最高法民再360号、(2015)鲁商终字第307号、(2014)济民四初第4号

案由:案外人执行异议之诉

审理法院:最高人民法院(再审)、山东省高级人民法院(二审)、山东省济南市中级人民法院(一审)

裁判时间:2018年12月28日(再审)、2015年9月21日(二审)

2. 案件基本事实

山东省济南市中级人民法院在执行某银行济南分行与乙融资担保有限公司(以下简称乙公司)借款合同纠纷案中,对被执行人乙公司持有的营口某银行股份启动了司法拍卖程序。拍卖过程中,案外人H集团公司以其与乙公司签订有代持股协议为由,就上述执行标的提出案外人异议,要求法院确认H集团公司为该股份的实际权利人,停止对乙公司持有的营口某银行的股份的强制执行。济南市中级人民法院裁定驳回了H集团公司的案外人异议。H集团公司不服济南市中级人民法院的裁定,遂提起本案外人异议之诉。

原告、被告在一审中的主张:

H集团公司(一审原告、二审被上诉人、再审被申请人)主张:(1)立即停止对H集团公司实际所有、登记在乙公司名下的营口某银行股份及未分配红利的执行,并解除财产保全措施;(2)确认H集团公司享有登记在乙公司名下的营口某银行股份及未分配红利的所有权。

某银行济南分行(一审被告、二审被上诉人、再审申请人)主张:不论乙公司与H集团公司之间是否存在投资及代理关系,都不产生股份所有权变更的效力,也不改变乙公司是营口某银行股东的事实。法院强制执行的对象是乙公司的财产,乙公司拥有营口某银行股份的所有权,H集团公司的执行异议不能成立。

(二)法院观点及判决

■ 一审山东省济南市中级人民法院

股东的确认应当依据法律和公司章程进行。本案乙公司所持股份为股份有限公司的股份,登记于工商管理部门。依据法律和营口某银行公司章程,乙公司是营口某银行股份的所有权人。H集团公司提供了与乙公司之间的《委托投资入股代理协议》仅是H集团公司与乙公司之间内部约定,确定的是双方之间委托代理关系、出资关系,H集团公司并不因此取得营口某银行的股东地位,不是涉案股份的持有人,该协议约定不能对抗第三人,也不能对抗司法机关所采取的强制措施。

根据2013年《公司法》第11条、第126条第2款、第130条,2012年《民事诉讼法》第227条,判决:驳回H集团公司的诉讼请求。

■ 二审山东省高级人民法院

首先,乙公司持有营口某银行股权的记名股权证,工商登记也显示,乙公司为营口某银行的发起人股东,乙公司名下登记有7200万股股份,某银行济南分行有权基于记名股票和工商登记所公示的权利外观申请查封登记在乙公司名下的财产。但根据2013年《公司法》第76条、第79条、第80条、第83条、第129条的规定,股份有限公司的发起人应当签署公司章程、向公司认购股份并履行公司设立职责,公司董事会应当向公司登记机关申请设立登记,公司成立后,发起人成为公司股东,公司应当向发起人发行记名股票。也就是说,股份公司一经成立,发起人即取得股东身份,股份公司向股东发行的记名股票或者出具的股权证系证明股东资格的证据,而并非取得股东资格的必要条件。发起人以自己的名义参与设立股份公司,既可能是基于自己成为股份公司股东的意思表示,也可能是受他人委托,代理他人的意思表示。营口某银行作为未上市的股份有限公司,其记名股票既非设权证券,亦非无因证券,其表彰的仅为权利外观。同理,工商管理部门对公司提供的设立登记材料仅进行形式审查,工商登记所公示的也仅是权利的表征。营口某银行的记名股票及工商登记作为一种权利外观,仅具有权利推定效力,并不一定与实际权利相符。本案中,根据查明的事实,记名股票、工商登记所表征的权利与实际权利不符，乙公司仅系营口某银行的名义股东，投资7200万元取得的营口某银行股份的实际权利应归H集团公司所有。在外观权利与实际权利不一致的情况下，根据权利外观理论，善意第三人基于对权利外观的信赖而与名义权利人进行民事法律行为的，该民事法律行为效力受法律的优先保护。2014年《公司法司法解释(三)》第25条第1款规定，名义股东将登记于其名下的股权进行民事法律行为之处分的，实际出资人以其对于股权享有实际权利为由，请求认定处分股权行为无效的，参照《物权法》第106条关于善意取得的规定处理。根据上述法律、司法解释的规定及权利外观理论，当实际权利人的权利与因信赖权利外观而和名义权利人为民事法律行为的善意第三人之权利发生冲突时，为维护交易安全，善意第三人的权利优先于实际权利人受到保护。本案某银行济南分行申请执行的是其与乙公司之间因借款关系而形成的债权，某银行济南分行并没有与名义股东乙公司就登记在乙公司名下的7200万股股份从事民事法律行为。从权利外观原则来看，某银行济南分行不是基于信赖权利外观而需要保护的民事法律行为之善意第三人，本案也没有需要维护的交易安全，某银行济南分行的债权请求不能受到优先于实际权利人H集团公司的保护。其次，本案虽由某银行济南分行申请执行乙公司的财产而引发，但纠纷的本质仍然是在H集团公司与乙公司之间确定登记在乙公司名下的7200万股财产权归谁所有，根据查明的事实，7200万股股份的实际权利归H集团公司享有。最后，某银行济南分行的借款债权不能因执行登记在乙公司名下的7200万股股份而实现，其根本原因系乙公司责任财产不足造成的，如果某银行济南分行有损失，该损失也与H集团公司和乙公司之间的委托持股没有因果关系。因此，应停止对登记在乙公司名下的营口某银行股份及未分配红利的执行。

综上所述，H集团公司的上诉理由成立，法院予以支持。原审判决处理不当，应予纠正。根据2013年《公司法》第76条、第79条、第80条、第83条、第129条，2014年《公司法司法解释(三)》第24条第1款、第2款、第25条，《合同法》第404条，《民法通则》第75条第2款，2012年《民事诉讼法》第170条第1款第2项，2015年《民事诉讼法司法解释》第249条第1款、第

307 条、第 312 条第 1 款第 1 项及第 2 款,判决:(1)撤销济南市中级人民法院(2014)济民四初第4 号民事判决;(2)确认上诉人 H 集团公司享有登记在被上诉人乙公司名下的营口某银行股份之实际权利及未分配红利;(3)停止对登记在被上诉人乙公司名下的营口某银行股份及未分配红利的执行。

■ **再审最高人民法院**

从本案查明事实看,H 集团公司与乙公司双方签订《委托投资入股代理协议》及《委托投资入股代理协议之补充协议》,约定 H 集团公司自愿委托乙公司作为 H 集团公司对营口某银行的出资入股代理人并代为行使相关股东权利,委托资金总额 9360 万元,其中 7200 万元用于出资入股营口某银行。委托期间,H 集团公司应向乙公司支付共计 200 万元的代为持股费用。上述协议之履行,表明 H 集团公司与乙公司之间形成了委托代持关系。但是,H 集团公司就涉案股份并不享有足以排除强制执行的民事权益,不能排除人民法院的强制执行。主要理由如下:

第一,从实际出资人与名义股东的内部代持法律关系的性质分析。代持法律关系本质属于一种债权债务关系,受《合同法》相对性原则的约束,隐名股东就该债权仅可以向名义股东主张,对合同当事人以外的第三人不产生效力。从《公司法》第 32 条规定来看,公司应当将股东的姓名或者名称及出资额向公司登记机关登记,登记事项发生变更的,应当变更登记,未经登记或者变更登记的,不得对抗第三人。公司股东的登记事项主要体现在公司章程、股东名册和工商登记这三种材料中。本案营口某银行的公司章程、股东名册、工商登记资料中,涉案股份均登记于乙公司名下,乙公司可以据此主张行使股东权利。在公司对外关系上,名义股东具有股东的法律地位,隐名股东不能以其与名义股东之间的约定为由对抗外部债权人对名义股东的正当权利。2014 年《公司法司法解释(三)》第 24 条规定对此进一步细化:"有限责任公司的实际出资人与名义出资人订立合同,约定由实际出资人出资并享有投资权益,以名义出资人为名义股东,实际出资人与名义股东对该合同效力发生争议的,如无合同法第五十二条规定的情形,人民法院应当认定该合同有效。前款规定的实际出资人与名义股东因投资权益的归属发生争议,实际出资人以其实际履行了出资义务为由向名义股东主张权利的,人民法院应予支持。名义股东以公司股东名册记载、公司登记机关登记为由否认实际出资人权利的,人民法院不予支持。实际出资人未经公司其他股东半数以上同意,请求公司变更股东、签发出资证明书、记载于股东名册、记载于公司章程并办理公司登记机关登记的,人民法院不予支持。"上述法律和司法解释规定虽是针对有限责任公司,但本案中营口某银行为非上市的股份公司,参照上述法律规定处理相关法律关系,从性质上而言亦无不妥。从上述法律依据看,在代持情况下,即名义股东与实际股东分离时,通过合同法规制解决。H 集团公司即使为涉案股份的实际出资人,也并不当然地取得营口某银行的股东地位。代持情形下,隐名股东的财产利益是通过合同由名义股东向实际股东转移,需经过合同请求而取得,若隐名股东请求成为公司股东,则需经过半数股东同意,其并非当然取得股东地位。综合上述分析可知,H 集团公司即使对涉案股份真实出资,其对因此形成的财产权益,本质还是一种对乙公司享有的债权。如乙公司违反其与 H 集团公司之间签订的委托协议,H 集团公司可以依据双方签订的相关协议向乙公司主张违约责任,但并不当然享有对涉案股份的所有权、享受股东地位。

第二,从信赖利益保护的角度分析。根据商事法律的外观主义原则,交易行为的效果以交易当事人行为的外观为准。即使外在的显示与内在的事实不一致,商事主体仍须受此外观显示的拘束,即外观的显示优越于内在的事实。法定事项一经登记,即产生公信力,登记事项被推定为真实、准确、有效,善意第三人基于对登记的信赖而实施的行为,受到法律的保护,即使登记事项不真实、与第三人的信赖不符,善意第三人也可以依照登记簿的记载主张权利。只要第三人的信赖合理,第三人的信赖利益就应当受到法律的优先保护。执行案件中的债权人与被执行人发生交易行为时,本身也有信赖利益保护的问题。发生交易时,申请执行人对被执行人的总体财产能力进行衡量后与之进行交易,被执行人未履行生效法律文书确定的义务而进入强制执行程序后,被执行人名下的所有财产均是对外承担债务的一般责任财产与总体担保手段,因此不能认为强制执行程序中的申请执行人就不存在信赖利益保护的问题。特别是,法律规定明确否定超标的查封,申请执行人为了实现对某项特定财产的查封,必须放弃对其他财产的查封,如果对该查封利益不予保护,对申请执行人是有失公允的。因此,不能苛求被执行人的债权人与名义股东必须是就登记在名义股东名下的特定代持股权从事民事法律行为时,才能适用善意第三人制度。在涉案股份的实际出资人与公示的名义股东不符的情况下,法律不仅应优先保护信赖公示的与名义股东进行交易的善意第三人,而且应优先保护名义股东的债权人的权利。就本案而言,某银行济南分行对涉案股份申请强制执行具有信赖利益并应优先保护。

第三,从债权人和隐名股东的权责和利益分配上衡量。首先,债权人对名义股东的财产判断只能通过外部股权登记信息查询获得,但代持关系却较难知悉,属于债权人无法预见的风险,不能苛求债权人尽此查询义务,风险分担上应向保护债权人倾斜,制度以此运行则产生的社会成本更小。其次,实际出资人的权利享有相应的法律救济机制。即使名义股东代持的股权被法院强制执行,隐名股东依然可以依据其与名义股东之间的股权代持协议的约定以及信托、委托制度的基本原则,请求名义股东赔偿自己遭受的损失。再次,对涉案股份的执行并未超过实际出资人的心理预期。实际出资人在显名为股东之前,其心理预期或期待的利益仅仅是得到《合同法》上的权益,而非得到《公司法》上的保护。本案中,H 集团公司在相关代持协议中与乙公司就代持股份可能被采取强制执行措施的情形已做了特别约定即是明证。最后,从风险和利益一致性的角度考虑,实际出资人选择隐名,固有其商业利益考虑,既然通过代持关系,获得了这种利益,或其他在显名情况下不能或者无法获得的利益,则其也必须承担因为此种代持关系所带来的固有风险以及因此可能出现的不利益。因此,由 H 集团公司承担因选择代持关系出现的风险和不利益,更为公平合理。

第四,从司法政策价值导向上衡量。现实生活中因为多种原因产生股份代持的现象,但从维护交易安全、降低交易成本的角度看,如果侧重于承认和保护隐名股东的权利从而阻却执行,客观上则会鼓励通过代持股份方式规避债务，逃避监管，徒增社会管理成本。本案中，在H集团公司与乙公司签订协议之时，中国银监会办公厅已下发了《关于加强中小商业银行主要股东资格审核的通知》（银监办发〔2010〕115号），其中第2条第2项规定："主要股东包括战略投资者持股比例一般不超过20%。对于部分高风险城市商业银行，可以适当放宽比例。"营口某银行的股东中，H酒店控股集团有限公司作为H集团公司的下属成员企业，投资比例已占20%，通过乙公司代持股份的方式，H集团公司对营口某银行的持股比例达到了24.8%，H集团公司寻求乙公司代持营口某银行股份，主观上不排除为了规避上述通知中对于股东资格审核的监管要求。此外，2018年1月5日银监会公布的《商业银行股权管理暂行办法》（中国银行业监督管理委员会令2018年第1号）明确对商业银行的股权代持行为予以了否定。该办法第12条第1款规定："商业银行股东不得委托他人或接受他人委托持有商业银行股权。"该规定虽系部门规章，但是从禁止代持商业银行股权规定的规范目的、内容实质，以及实践中允许代持商业银行股权可能出现的危害后果进行综合分析认定可以看出，对商业银行股权代持的监管体现出逐渐严格和否定的趋势。为了维护交易安全，也为使隐名股东在选择名义股东时更加谨慎，依法判决实际出资人H集团公司不能对抗人民法院对涉案股权强制执行，有利于规范商业银行股权法律关系，防止实际出资人违法让他人代持股份或者规避法律。

综上所述，某银行济南分行的再审请求于法有据，应予支持；二审判决认定事实基本清楚，但适用法律错误，应予撤销。根据2012年《民事诉讼法》第207条第1款、第170条第1款第2项，判决：（1）撤销山东省高级人民法院（2015）鲁商终字第307号民事判决；（2）维持山东省济南市中级人民法院（2014）济民四初第4号民事判决。

焦点问题评析

（一）关于股权代持关系何以无法阻却金钱债权人对股权的强制执行

对于本案焦点问题，二审山东省高级人民法院认为，由于代持股协议合法有效，乙公司仅系营口某银行的名义股东，而投资7200万元取得的营口某银行股份的实际权利应归 H 集团公司所有。同时认为,本案某银行济南分行申请执行的是其与乙公司之间因借款关系而形成的债权,某银行济南分行并没有与名义股东乙公司就登记在乙公司名下的 7200 万股股份从事民事法律行为。从权利外观原则来看,某银行济南分行不是基于信赖权利外观而需要保护的民事法律行为之善意第三人,本案也没有需要维护的交易安全,故不适用善意取得制度,某银行济南分行的债权请求不能受到优先于实际权利人 H 集团公司的保护。因此,应停止对登记在乙公司名下的营口某银行股份及未分配红利的执行。

一审济南市中级人民法院和再审最高人民法院则认为,H 集团公司就涉案股份并不享有足以排除强制执行的民事权益,不能排除人民法院的强制执行。其一,代持法律关系本质属于一种债权债务关系,受合同法相对性原则的约束,隐名股东就该债权仅得以向名义股东主张,对合同当事人以外的第三人不产生效力。如乙公司违反其与 H 集团公司之间签订的委托协议,H 集团公司可以依据双方签订的相关协议向乙公司主张违约责任,但并不当然享有对涉案股份的所有权、享受股东地位。其二,根据商事法律的外观主义原则,交易行为的效果以交易当事人行为的外观为准。法定事项一经登记,即产生公信力,登记事项被推定为真实、准确、有效,善意第三人基于对登记的信赖而实施的行为,受到法律的保护,即使登记事项不真实、与第三人的信赖不符,善意第三人也可以依照登记簿的记载主张权利。此外,执行案件中的债权人与被执行人发生交易行为时,本身也有信赖利益保护的问题,因为发生交易时,申请执行人是对被执行人的总体财产能力进行衡量后与之进行的交易。因此,不能苛求被执行人的债权人与名义股东必须是就登记在名义股东名下的特定代持股权从事民事法律行为时才能适用善意第三人制度。在涉案股份的实际出资人与公示的名义股东不符的情况下,法律不仅应优先保护信赖公示的与名义股东进行交易的善意第三人,而且应优先保护名义股东的债权人的权利。就本案而言,某银行济南分行对涉案股份申请强制执行具有信赖利益并应优先保护。其三,从债权人和隐名股东的权责和利益分配上衡量考虑,债权人对名义股东的财产判断只能通过外部信息即股权登记信息作出，而代持关系却较难知悉，不能苛求债权人尽此查询义务。而且，实际出资人的权利享有相应的法律救济机制。即使名义股东代持的股权被法院强制执行，隐名股东依然可以依据其与名义股东之间的股权代持协议的约定以及信托、委托制度的基本原则，请求名义股东赔偿自己遭受的损失。因此，本案中由H集团公司承担因选择代持关系出现的风险和不利益，更为公平合理。其四，从司法政策价值导向上衡量。现实生活中因为多种原因产生股份代持的现象，但从维护交易安全、降低交易成本的角度来看，如果侧重于承认和保护隐名股东的权利从而阻却执行，客观上则会鼓励通过代持股份方式规避债务，逃避监管，徒增社会管理成本。综上，实际出资人H集团公司不能对抗人民法院对涉案股权强制执行。

对于代持股关系能否阻却对诉争股权的强制执行，在本案中，最高人民法院从实际出资人与名义股东的内部代持法律关系的性质、信赖利益保护、债权人和隐名股东的权责和利益分配、司法政策价值导向四个角度进行了深入的分析和阐释，确立了类似案件的裁判规则，即实际出资人就涉案股份并不享有足以排除强制执行的民事权益，不能排除人民法院的强制执行。

还需要考虑的是，本案代持的标的物是商业银行的股权，属于国家严格监管的金融领域，监管机构对其股东资格、持股比例、股东变动等均有明确要求，并要求相应审批或备案等。如此前所论述，即使存在隐名代持协议，隐名出资人也需要经过目标公司内部意思自治程序予以显名，也需要履行向监管机构的审批程序。如果司法机构在执行异议之诉程序中认定排除执行，也可能与金融领域的监管政策存在一定的冲突，不可不慎重。

（二）关于司法政策考量因素对个案裁判的影响

需要特别说明的是，上述对最高人民法院代持纠纷裁判思路的总结及延伸，主要是基于对个案的解读和分析。实际上在本章案例一中，我们已经就本问题的司法裁判观点、各地高级人民法院观点及《九民会议纪要》的规定进行了详细分析。至于隐名股东能否通过执行异议之诉排除名义股东金钱债权人提起的强制执行程序，实践中争议非常大。《九民会议纪要》尽管对相关问题进行了部分规定，但仍留有较大的自由裁量空间。

然而，在《九民会议纪要》公布以后，最高人民法院在2020年8月31日审结的(2020)最高法民终844号案[①]判决中仍指出，“公司的工商登记对社会具有公示公信效力，善意第三人有权信赖公司登记机关的登记文件，工商登记表现的权利外观应作为认定股权权属的依据。当事人关于《代持股协议书》仅在协议签订双方之间具有法律效力，对外不具有公示效力，不能对抗第三人，不能以代持股权关系排除人民法院的强制执行行为”。至此，在《九民会议纪要》出台之后，商事外观主义和公示公信原则的限缩或泛化，该分歧依然是最高司法机关未能解决的问题之一。因此，我们理解，在相关正式司法解释或法律文件出台前，可能仍将继续处于较大争议之中。

(三)实务相关建议

在签署代持股协议时，我们建议：第一，隐名股东应当随时关注名义股东的财产状况，若出现或可能出现名义股东资不抵债或被债权人追偿情形的，应当考虑及时“显名化”或提起股权确权之诉。如等到代持股权被采取执行措施后，则可能会非常被动。第二，对于名义股东债权人而言，则是应当考虑第一时间申请强制执行，越快对名义股东名下股权采取强制执行措施，就越可能会取得主动权。第三，隐名股东应当慎重选择代持股方式，其实际权益能否通过执行异议之诉进行保障，司法裁判的走向值得关注。

基于外观主义优先保护债权人基于工商登记对股权持有人产生的合理信赖，隐名股东将更难以对抗名义股东之债权人的强制执行。司法裁判尽管尚未给出统一意见，但考察个案裁判价值导向，仍可以为我们的实务操作提供行动指南。隐名股东在选择名义股东时应当更加谨慎，同时应当在代持股协议中明确约定相应的法律救济机制。在名义股东代持的股权被法院强制执行时，可以依据协议约定以及信托、委托制度的基本原则，请求名义股东赔偿自己遭受的损失。

---

① 参见最高人民法院(2020)最高法民终844号民事判决书。

案例三

无信赖利益保护需要的金钱债权人不能针对代持股权强制执行

——甲银行与乙投资公司执行人执行异议案评析

名义股东的债权人申请查封执行名义股东代持股权时，隐名股东以自己是实际股东为由提出执行异议，能否得到支持，这一问题实践中存在不同的观点，司法实践裁判不一。本文将主要分析隐名股东的执行异议问题，从意思表示的效力范围、秩序性和公平性的角度探析股权善意取得制度的适用。

裁判要旨

外观主义原则的目的在于降低成本，维护交易安全。根据《公司法司法解释（三）》第26条的规定，股权善意取得制度的适用主体仅限于与名义股东存在股权交易的第三人，商事外观主义原则的适用范围不包括非交易第三人。申请执行人并非针对股权从事交易，仅仅因为债务纠纷而寻查名义股东财产还债，并无信赖利益保护的需要，不应适用商事外观主义原则。

争议焦点

1. 如何认定实际出资人？

2. 公司股权实际权利人能否对抗该股权名义持有人的债权人对该股权申请司法强制执行？

案情概要

(一)基本案情

1. 案例索引

案号:(2013)陕民二终字第 00077 号、(2013)西民一初字第 00014 号、(2015)民申字第 2381 号

案由:执行人执行异议

审理法院:最高人民法院(再审)、陕西省高级人民法院(二审)、陕西省西安市中级人民法院(一审)

裁判时间:2015 年 9 月 28 日(再审)、2015 年 5 月 25 日(二审)、2013 年 9 月 26 日(一审)

2. 案件基本事实

2004 年 11 月 18 日,丙经贸公司向甲银行借款 3000 万元。丙经贸公司到期未偿还贷款,其与甲银行达成调解书,但仍未履行债务。甲银行基于调解书要求法院对丙经贸公司强制执行,并冻结了丙经贸公司名下持有的 W 信用社 1000 万股股权。另案生效判决确认,该 1000 万股股份实际属乙投资公司所有。乙投资公司根据该另案判决,以案外人身份在甲银行的执行案件中提出案外人执行异议,请求西安市中级人民法院中止执行乙投资公司实际所有的 W 信用社 1000 万股股份及股息、红利,并解除对该股份的查封措施。西安市中级人民法院受理后作出执行异议裁定,认为案外人乙投资公司提出的执行异议理由成立,停止执行并解封。执行申请人甲银行对该裁定不服,遂提起执行异议之诉,起诉要求法院许可继续执行。

原告、被告在一审中的主张:

甲银行(一审原告、二审上诉人、再审申请人)主张:甲银行作为丙经贸公司的合法债权人,有权基于股权登记的外观依法申请执行丙经贸公司名下的 W 信用社 1000 万股股权。甲银行善意信赖的该股权属于名义股东丙经贸公司,故甲银行作为名义股东丙经贸公司的债权人,有权请求法院就该股权强制执行。

乙投资公司(一审被告、二审被上诉人、再审被申请人)主张:被告作为

诉争股权的实际权利人已经生效判决确认,丙经贸公司仅为名义持股人,原告不得就该股权强制执行。

(二)法院观点及判决

■ 一审陕西省西安市中级人民法院

各方对涉案的股份为乙投资公司所有的客观事实,并无异议。双方争议的焦点是乙投资公司系非工商登记的股权持有人,甲银行是否可以基于商法外观主义原则,作为善意第三人对抗乙投资公司,对涉案股权申请许可执行?商事外观主义原则的立法目的在于维护交易安全,根据这一立法宗旨,其适用范围应局限于就相关标的从事交易的第三人。本案标的是丙经贸公司名下W信用社1000万股股份,甲银行仅因为与丙经贸公司的债务纠纷而申请冻结该股权,并非对该股权从事交易,其与该股权并不存在信赖利益。同时,甲银行借款给丙经贸公司时,有案外公司作为担保人;丙经贸公司《公司年检报告书》显示,2002~2004年丙经贸公司无对外投资,而丙经贸公司投资1000万元入股W信用社在2003年。因此,甲银行称其信赖该股权所有人为丙经贸公司,其理由并不充分。法院另案生效判决已确认涉案股份属乙投资公司所有,如将该财产清偿甲银行的债务,将导致乙投资公司的所有权无法行使,有悖法律原则。综上,甲银行依据商事外观主义原则,主张的信赖利益并不能实现维护交易安全之立法目的,故其要求许可执行,不予支持。

■ 二审陕西省高级人民法院

根据2014年《公司法司法解释(三)》第25条第1款"名义股东将登记于其名下的股权转让、质押或者以其他方式处分,实际出资人以其对于股权享有实际权利为由,请求认定处分股权行为无效的,人民法院可以参照物权法第一百零六条的规定处理"和《物权法》第106条第1款"无处分权人将不动产或者动产转让给受让人的,所有权人有权追回;除法律另有规定外,符合下列情形的,受让人取得该不动产或者动产的所有权:(一)受让人受让该不动产或者动产时是善意的;(二)以合理的价格转让;(三)转让的不动产或者动产依照法律规定应当登记的已经登记,不需要登记的已经交付给受让人"的规定,股权善意取得制度的适用主体仅限于与名义股东存在股权交易的第三人。本案甲银行因其债务纠纷而寻查丙经贸公司的财产还债,并非针对丙经贸公司名下之股权从事交易,故不能适用股权善意取得制度,原审法院驳回甲银行请求许可执行丙经贸公司名下 W 信用社 1000 万元股份及股息、红利的诉讼请求并无不当。甲银行请求许可执行涉案股权的上诉请求不能成立,法院不予支持。

■ 再审最高人民法院

关于公司股权实际权利人能否对抗该股权名义持有人的债权人对该股权申请司法强制执行问题。甲银行在原审及申请再审时均主张,案涉执标的 1000 万股股份登记在丙经贸公司名下,甲银行已经信赖该登记并申请将涉案股权采取执行措施,根据商事外观主义原则,上述股权应执行过户给甲银行。商事外观主义作为商法的基本原则之一,其实际上是一项在特定场合下权衡实际权利人与外部第三人之间利益冲突所应遵循的法律选择适用准则,通常不能直接作为案件处理依据。外观主义原则的目的在于降低成本,维护交易安全,但其适用也可能会损害实际权利人的利益。根据《公司法司法解释(三)》第 26 条的规定,股权善意取得制度的适用主体仅限于与名义股东存在股权交易的第三人。据此,商事外观主义原则的适用范围不包括非交易第三人。

案涉执行案件申请执行人甲银行并非针对丙经贸公司名下的股权从事交易,仅仅因为债务纠纷而寻查丙经贸公司的财产还债,并无信赖利益保护的需要。若适用商事外观主义原则,将实质权利属于乙投资公司的股权用于清偿丙经贸公司的债务,将严重侵犯乙投资公司的合法权利。依照《民法通则》第 75 条第 2 款之规定,甲银行无权通过申请法院强制执行的方式取得案涉执行标的 1000 万股股份。因此,二审判决适用法律正确,甲银行基于商事外观主义原则要求强制执行取得案涉 1000 万股股份的再审申请主张,依法不能成立。

焦点问题评析

(一)关于实际出资人的确定

实际出资人是指对公司进行实际出资且实际享有投资权益,但将股权登记在他人名下的主体。法律认可实际出资人的法律地位,也规定了与之相应的权利和义务,包括实际出资人的显名权益,以及对善意第三人受让股权后善意取得的容忍义务。申请执行人异议之诉是指申请执行人根据2011年《民事诉讼法》第227条的规定提起诉讼,以案外人为被告,请求对执行标的许可执行;被执行人反对申请人请求的,案外人和被执行人为共同被告。

(二)能否基于商事外观主义要求强制执行在被执行人名下,实际归属案外人的股权

本案主要争议的是能否基于商事外观主义要求强制执行在被执行人名下,实际却归属于案外人的股权。本案中,甲银行在得知丙经贸公司持有涉案W信用社股权时,作为债权人查询确认后,甲银行申请法院执行生效调解书,此时甲银行仅具备一般信赖,而不具备特殊信赖利益。在法院执行中,第三人乙投资公司提出丙经贸公司是名义股东,是权利人乙投资公司委托丙经贸公司进行投资,并且,第三人乙投资公司是通过股权确认之诉获得对该股权的生效判决确权。本案中,申请执行人甲银行不属于与名义股东丙经贸公司存在股权交易的相对方,从一审、二审到再审,法院一再重申,"商事外观主义原则的适用范围不包括非交易之第三人",故不能适用股权善意取得制度,即便是代持的股权,也可以对抗债权人,其不得许可执行。由此,法院认为,只有信赖股权交易行为的相对方才属于第三人的范围,才有特定信赖利益需要保护、维护交易秩序和交易安全之特殊考虑,而一般债务的债权人作为非股权交易的相对方不能取得优先于实际权利人的优先权。

但是,我们在此前文章也有分析和论述,各地司法政策以及最高人民法院也在部分案件中作出了相反的裁判,其主要理由是:第一,根据公示公信原则,对股权的强制执行,涉及内部关系的,基于当事人的意思自治来解决;涉及外部关系的,根据工商登记来处理。第二,实际出资人委托名义股东代持股权,其一定获得某种利益。根据风险与利益相一致的原则,实际投资人作为隐名股东在获得利益的同时,也应当承担相应的风险。该风险就包括登记股东代持的股权被登记股东的债权人申请强制执行的情况,本案就属于这种情况。第三,从司法的引导规范功能来看,案涉股权登记在被执行人名义股东名下,依法判决实际出资人不能对抗被执行人名义股东的债权人对该股权申请强制执行,还有利于净化社会关系,防止实际出资人违法让他人代持股份或者规避法律[①]等行为。并且,最高人民法院也从交易成本、第三人审查股权代持关系的可能性、认可隐名投资人权利可能导致虚假代持、存在道德风险等多角度进行了阐释,并在之后的案例中被援引。[②](见本章前文论述)

此外,尽管2014年《公司法司法解释(三)》第25条规定了股权代持情形下参照适用《物权法》制度中的善意取得制度,但针对这一问题,学术界及实务界都存在一定争议。例如,有学者认为,在股权代持这一情形下,没有善意取得适用的余地,善意取得的前提乃是无权处分,名义股东作为法律上的股东是否享有对股权的处分权,从权利的外观判断,不能得出名义股东不是公司的股东、隐名股东反倒是公司股东的结论,故而名义股东处分股权的行为实为有权处分而非无权处分,此与物权善意取得中的处分行为人根本不是物权人、不享有处分权迥然相异。[③] 还有学者认为,由于善意取得必须以无权处分为前提,仅在公司其他股东过半数同意实际出资人显名化,成为公司股东之后,名义股东不再是公司的股东,才满足发生股权的善意取得的前提条件。在此种前提下,如果名义股东以转让方式处分股权时,无论是对内转让还是对外转让都没有善意取得的适用空间,理由是在对内转让的过程中,其他股东均已知悉实际出资人的身份,受让股东在主观上不存在善意。在对外转让的过程中,公司外第三人需要经公司其他股东过半数同意此股权的对外转让,而此时公司其他股东已经过半数同意实际出资人成为公司股东,仅是尚未进行变更股东的工商登记而已,其他股东不可能再同意名义股东向外转让股权。但如果名义股东以质押等方式处分股权,此时并不需要公司其他股东的表态参与,不知情的他人可以根据《物权法》第106

① 参见最高人民法院(2017)最高法民终100号民事判决书。

② 参见陕西省高级人民法院(2019)陕民终760号民事判决书。

③ 参见刘凯湘:《股东资格认定规则的反思与重构》,载《国家检察官学院学报》2019年第1期。

条规定善意取得该质押权,此种情况下具有适用善意取得的空间。[①]

实际上,商事外观主义是一种表见责任,即保护有理由信赖某特定外观的当事人一方,结果是对于该应受保护之人而言,有关的法律后果视为已经发生或继续存在。[②] 但是,物权变动分为基于法律行为而发生的物权变动与非基于法律行为而发生的物权变动,外观主义仅仅运用于前者。这是因为,在非基于法律行为而发生的物权变动下,时常不按照当事人的意思,而是由法律直接规定。强制执行处于非基于法律行为而发生的物权变动的领域,不应适用公信原则,在确定被执行人的财产时,应依实事求是原则,确定被执行人的可被执行财产。[③] 我们理解,如果在名义股东的债权人申请执行立案之前,隐名股东作为案外人已经取得生效裁判文书确认其为实际所有权人的,原则上应有权排除强制执行,但是,如果申请执行人的执行依据也是物权确认判决,案外人并不能取得优先于执行人的权利。对于其他情况下的隐名股东案外人,慎重对待其异议权股权代持问题是当前司法实践中的热点问题。法律明确认可股权代持协议的有效性(合同无效除外),也确认实际出资人是真正的股权人,确定股权归属是构建股权代持法律规则的关键。但在强制执行中,其属于非基于法律行为而发生的物权变动领域,其统一司法适用标准,进一步完善和明确强制执行中的外观主义适用,对于司法实践而言,关系重大。

---

① 参见张钰涵:《代持股善意取得之界限——以法学方法论为视角》,载《甘肃政法学院学报》2019 年第 6 期。

② 参见[德]卡尔·拉伦茨:《德国民法通论》(下册),王晓晔等译,法律出版社 2003 年版,第 886 页。

③ 参见崔建远:《论外观主义的运用边界》,载《清华法学》2019 年第 5 期。

案例四

名义股东债权人针对代持股权强制执行需基于信赖关系，或与案涉股权形成处分性法律关系

——江某、谢某等执行异议之诉案评析

《公司法司法解释(三)》第25条确立了善意第三人对股权登记的信赖保护，但该善意第三人的范围并非漫无边际，而是与名义股东之间就讼争股权建立处分性法律关系的第三人。案外人执行异议之诉中，人民法院应从权利形成时间、权利性质、案件关联性等角度对案外人就执行标的物是否享有足以排除强制执行的权益进行实质性审查，认定相关人是否属于因信赖权利外观而需要保护的民事法律行为之善意第三人。近年来，股权代持情形显著增加，何种情形下实际出资人才能排除名义股东债权人申请强制执行的争议亟待明确。立法上的空白及实践模糊处理的态度，加剧了问题解决的复杂性，实践中难以形成一以贯之的裁判逻辑。本文旨在分析债权人针对名义股东代持股份强制执行的条件。

裁判要旨

从权利形成时间上来看，隐名股东取得案涉股权等事实均发生在查封案涉股权的合伙协议纠纷案件的调解书形成之前；从权利性质上来看，民事调解书确定的一般债权而对案涉股权采取查封措施，不能当然优先于系基于返还请求权而对案涉股权执行提出异议的权利主张；从案件关联性的角度来看，强制执行申请人无法证明该债权与实际股东存在关联。此外，强制执行申请人与债务人之间并未就案涉股权建立任何信赖法律关系，强制执行申请人不属于因信赖权利外观而需要保护的民事法律行为之善意第

三人。

争议焦点

法院能否执行钟某为谢某代持的甲房地产公司17%股权?

案情概要

(一)基本案情

1. 案例索引

案号:(2018)最高法民申5464号、(2016)闽民终644号、(2015)岩民初字第195号

案由:执行异议

审理法院:最高人民法院(再审)、福建省高级人民法院(二审)、福建省龙岩市中级人民法院(一审)

裁判时间:2018年12月12日(再审)、2016年7月30日(二审)

2. 案件基本事实

谢某作为隐名股东,承担了钟某名下17%的甲房地产公司股权的实际出资,钟某为该股权的名义股东。2009年12月20日,甲房地产公司出具文件,载明该公司决议由持有公司17%股权的谢某(其作为隐名股东,股权挂在名义股东钟某名下)出任公司总经理,全面负责公司的生产、经营等工作。谢某的实际出资还得到了《(出资)证明书》等文件关于谢某出资金额、出资人等内容的确认。钟某丈夫张某未履行其与江某合伙协议纠纷的调解书,江某申请执行张某及钟某的财产。福建省龙岩市中级人民法院于2014年9月11日向甲房地产公司发出《协助执行通知书》,依法查封冻结了张某妻子钟某持有的甲房地产公司的股权1049.4万元(33%)。谢某作为案外人以其作为实际投资的隐名股东,钟某股权中的17%股权系谢某实际所有,法院不应对该股份采取强制措施为由,向龙岩市中级人民法院提出书面异议。

原告、被告在一审中的主张:

谢某(一审、二审上诉人、再审被申请人)主张:谢某为钟某名下17%股权的实际权利人,被告不得就该股权强制执行。

江某(一审、二审被上诉人、再审申请人)主张:江某作为钟某、张某的债权人,基于股权登记的外观,善意信赖该股权属于名义股东钟某,江某作为名义股东的债权人可以就该股权强制执行。

(二)法院观点及判决

■ 一审福建省龙岩市中级人民法院

钟某名下甲房地产公司17%的股权属于谢某所有,各方对此事实均没有异议。但谢某是否有权要求对执行标的停止执行,对此认定如下:首先,隐名股东的资格确认问题应区分内部关系与外部关系。谢某作为甲房地产公司的隐名股东,与记载于股东名册并经工商登记的钟某等股东之间有关"明实出资"的约定,仅属于谢某与公司股东之间的权利义务分配,在股东内部发生效力,并不涉及公司以外第三人的利益。当纠纷涉及股东与公司以外第三人的外部关系时,应当坚持公示主义原则和外观主义原则,着重审查工商登记的内容。根据《公司法》第32条第3款"公司应当将股东的姓名或者名称向公司登记机关登记;登记事项发生变更的,应当办理变更登记。未经登记或者变更登记的,不得对抗第三人"的规定,再结合本案事实,甲房地产公司的工商登记中均记载钟某是公司股东,并未发生变更。工商登记在交易过程中具有对第三人宣示股东资格的权证功能,具有公示公信力,第三人有理由信赖登记材料的真实性。江某有理由相信甲房地产公司工商登记的股东即为甲房地产公司仅有的真实股东。江某与张某的合伙协议纠纷已经生效调解书予以确认,这亦为江某申请执行的法律依据。钟某为张某的妻子,法院对钟某名下的甲房地产公司33%股权的执行符合《民事执行规定》《婚姻法》等法律规定。其次,《最高人民法院关于执行权合理配置和科学运行的若干意见》中明确规定,人民法院的查封排除了其他法院关于该查封物的另案确权。《异议复议规定》还规定,金钱债权执行中,案外人依据执行标的被查封、扣押、冻结后作出的另案生效法律文书提出排除执行异议的,人民法院不予支持。综上,谢某虽为甲房地产公司的隐名股东,持有钟某在甲房地产公司33%股份中的17%,但这仅在甲房地产公司股东内部有效,而不能对抗第三人。本案谢某与甲房地产公司及甲房地产公司全体股东在钟某名下的33%股权被查封冻结后,申请北湖区人民法院进行司法确认,其所作出的北湖区人民法院第3号民事裁定不能作为谢某排除执行异议的依据,谢某要求立即解除其享有的对甲房地产公司17%股份的查封冻结,并对该股份终止执行的诉讼请求没有法律依据,不予支持。

■ 二审福建省高级人民法院

法院财产保全和执行针对的财产对象应当是属于被执行人所有的财产。本案中,各方当事人对于讼争股权于2009年时即属谢某所有均无异议,只是对于讼争股权登记于被执行人钟某名下,而被法院采取查封措施的行为存在争议。在外观权利与实际权利不一致的情况下,根据2014年《公司法司法解释(三)》第25条的规定,名义股东将登记于其名下的股权进行民事法律行为之处分的,实际出资人以其对股权享有实际权利为由,请求认定关于善意取得无效的,参照《物权法》第106条关于善意取得的规定处理。该条规定旨在保护善意第三人基于权利外观的信赖而与名义股东进行的交易行为。本案中,江某申请执行钟某名下的股权,是因其与张某合伙纠纷而形成的债权,将钟某名下的股权作为张某夫妻共有财产予以执行。其与钟某之间并未就讼争股权建立处分性法律关系,故江某不属于因信赖权利外观而需要保护的民事法律行为之善意第三人,不适用上述规定。其援引上述规定主张有权执行登记在钟某名下实际属于谢某的17%股权理由不能成立。由上,在可以确认讼争股权于2009年时即归属谢某所有的情况下,应停止对钟某名下属于谢某的甲房地产公司17%股权的执行。

■ 再审最高人民法院

案外人执行异议之诉中,人民法院应对案外人就执行标的物是否享有足以排除强制执行的权益进行实质性审查。本案中,各方当事人对于甲房地产公司17%案涉股权于2009年时即属谢某所有并无异议,只是由于案涉股权登记于钟某名下,江某基于其与张某在(2014)岩民初字第75号民事调解书(案由为合伙协议纠纷,以下简称合伙协议纠纷案件)中确定的债权,申请法院将钟某名下的股权作为其与张某夫妻共有财产而采取了查封措施。根据原审查明的事实，从权利形成时间上来看，谢某实际出资、作为隐名股东取得案涉股权、经其他股东同意担任公司总经理等事实均发生在据以查封案涉股权的合伙协议纠纷案件调解书形成之前，虽然谢某并未登记为甲房地产公司的名义股东，但其对于案涉股权享有的实际权利在查封前即已取得。从权利性质上来看，江某系基于合伙协议纠纷案件中形成的民事调解书确定的一般债权而对案涉股权采取查封措施，谢某系基于对诉争股权的返还请求权而对案涉股权执行提出异议，因此江某的权利主张并不能当然优先于谢某的权利主张。从案件关联性的角度来看，江某也未举证证明其与张某之间因合伙协议纠纷产生的债权系张某与钟某夫妻共同债务，更不能证明该债权与谢某存在关联。此外，江某与钟某之间并未就案涉股权建立任何信赖法律关系，江某亦不属于因信赖权利外观而需要保护的民事法律行为之善意第三人，在本案中并不适用2014年《公司法司法解释（三）》第25条以及《物权法》第106条之相关规定。因此，谢某对案涉股权提出执行异议，原审法院判决停止对案涉股权的执行，并无不当。

焦点问题评析

所谓商事外观主义，实际上是一项在特定场合权衡实际权利人与外部第三人之间利益冲突应遵循的原则。[①] 对于法官而言，在这一原则指导下选择应当适用的法律规则[②]，需要考虑权利性质、权利来源以及权益保护的顺序。

本案主要争议的是能否基于商事外观主义要求强制执行在被执行人名下、实际却归属于案外人的股权。一审法院与二审法院虽然结论不同，但其思路堪称一致，作出结论不同的原因仅在于对《民事执行规定》和《异议复议

① 参见刘胜军：《论商事外观主义》，载《河北法学》2016年第8期。

② 参见张勇健：《商事审判中适用外观主义原则的范围探讨与最高人民法院〈关于适用《中华人民共和国公司法》若干问题的规定（三）〉相关条文的对照》，载《法律适用》2011年第8期。

规定》的理解不同,即区分股权的内部和外部关系。谢某作为甲房地产公司的隐名股东与记载于股东名册并经工商登记的钟某等股东之间有关“出资”的约定,仅属于谢某与公司股东之间的权利义务分配,在股东内部发生效力,并不涉及股东及公司以外第三人的利益。因此,对于内部的权利义务分配,应当遵循意思自治的原则,可资赞同。当纠纷涉及股东与公司以外第三人的外部关系时,应当坚持公示主义原则和外观主义原则,着重审查工商登记的内容,维护公示和公信效力。在执行人和隐名股东的利益衡量上,并非极端的保护一方,而是要就特定情况来分析。作为外观主义的保护平衡问题,《公司法司法解释(三)》第25条强调了对善意第三人对股权登记的信赖保护。该善意第三人的范围并非漫无边际,而是与名义股东之间就讼争股权建立处分性法律关系或者对该诉争股权产生交易信赖利益的特定第三人。在本案中,案外人仅基于对名义股东的丈夫所享有的一般债权进而要求查封名义股东名下的诉争股权,并不具有处分性或特定交易行为性质的法律关系,故而其不能适用这一保护第三人的规定,其不具有外观主义的保护利益,故而二审法院认为应停止对名义股东名下该部分股权的强制执行。

一审法院按照此外观主义的基本原则和思路确定了该股权实际上的归属方,但是却因为《最高人民法院关于执行权合理配置和科学运行的若干意见》中明确规定,人民法院的查封排除了其他法院关于该查封物的另案确权。《异议复议规定》还规定,金钱债权执行中,案外人依据执行标的被查封、扣押、冻结后作出的另案生效法律文书提出排除执行异议的,人民法院不予支持。根据上述条款,另案确权裁判发生在人民法院的保全措施或执行措施之后,故而不发生法律效力,当然也不能阻却人民法院的执行行为。

最高人民法院确认了上述思路,并且重申,虽然隐名股东未被登记,但是其实际出资、取得股权并在公司内部获得确认的时间都在查封之前。因此,查封的权利主张不能当然优先于隐名股东的股权,并且还需要考量其余的要件:首先,江某的该债权主要涉及的是名义股东钟某的丈夫张某,仅为其与张某之间的一般债权债务关系,江某未能证明该债务是属于张某与钟某的夫妻共同债务,还是属于名义股东钟某的债务;其次,最高人民法院的裁判还认为,如果执行申请人就案涉股权与显名股东之间建立交易关系,进而产生信赖关系,则执行人属于因信赖权利外观而需要保护的民事法律行为之善意第三人,那么其权利相较于隐名股东的权利就具有优先性。

只不过,上述解释限缩了《公司法司法解释(三)》第25条"第三人"的范围,使之仅局限于产生特定交易关系的信赖关系[①]或者与案涉股权形成处分性法律关系的第三人,但该思路似乎并未在最高人民法院的其余案件中得到普遍认可或推行,我们此前的文章也有分析。例如,在王某与刘某等案外人执行异议之诉再审案中,最高人民法院认为王某与詹某之间的《委托持股协议》已经被一审法院、二审法院认定真实有效,但其股权代持协议仅具有内部效力,对于外部第三人而言,股权登记具有公信力,隐名股东对外不具有公示股东的法律地位,不得以内部股权代持协议有效为由对抗外部债权人对显名股东的正当权利。根据商事外观主义原则,有关公示体现出来的权利外观,导致第三人对该权利外观产生信赖,即使真实状况与第三人的信赖不符,只要第三人的信赖合理,第三人的民事法律行为效力即应受到法律的优先保护。基于上述原则,名义股东的非基于股权处分的债权人亦应属于法律保护的"第三人"范畴。[②] 因此,上述限缩解释的思路能否在案件中广泛适用,还有赖于进一步的观察。我们倾向于认为,如果将"第三人"的范围进行限制解释,将会使大量的非交易关系或非处分性质的相对方免于第三人信赖利益制度的保护。如果推而广之,是否会导致商事交易成本的增加,是否会导致当事人串通规避执行之道德风险加大?诸如此类,可能都需要慎重对待。

法律规范不仅发挥着保障作用,还塑造着特定行为的存在状态及公众

---

① 信赖从语义角度分析,是介于希望和确信之间的期待。期待在交易关系中是以交易相对方诚实相待为目的。外观主义对信赖方的保护,体现了私法的诚实信用原则。参见丁南:《论民商法上的外观主义》,载《法商研究(中南政法学院学报)》1997年第5期。

② 最高人民法院(2016)最高法民申3132号民事裁定书。

对行为后果的期待。[①] 明确执行人受到保护的前提，肯认债权人在符合一定条件下申请强制执行名义股东代持股权，亦是统一股权代持情形执行异议之诉的司法裁判的必要。

---

① 杜新梅：《债权人申请执行名义股东代持股权的理论解构——基于78份生效裁判的实证分析》，载《黑龙江省政法管理干部学院学报》2021年第2期。

第五章

股权代持纠纷涉及的第三人（下）——目标公司债权人等利益保护及衡量

在第四章中，我们已就代持法律关系中名义股东债权人的利益保护及衡量问题进行了专项探讨。在本章中，我们共选取了四个最高人民法院的典型案例，继续对代持法律关系中涉及的目标公司债权人、股权受让人、隐名股东债权人等第三人的利益保护及衡量问题进行探讨。

结合我们的实务经验，总体而言，我们倾向认为：

针对目标公司债权人而言，一是目标公司债权人能否主张名义股东承担清算赔偿责任或出资赔偿责任的问题，原则上名义股东可能难以仅以“挂名股东”为由拒绝承担相应的责任，但其仍可基于“股东”身份提出相应的抗辩理由；二是目标公司债权人能否主张隐名股东承担清算赔偿责任或出资赔偿责任的问题，原则上存在一定的法律空间，但仍需根据个案情况进行具体分析。

针对股权受让人而言，一是股权受让人从名义股东处受让股权的问题，在股权受让人符合“善意取得”条件的情形下，受让人原则上可以参照“善意取得制度”取得股权；二是股权受让人从隐名股东处受让股权的问题，在名义股东、目标公司以及其他股东对代持及股权转让事宜知悉，且不持异议的情况下，受让人原则上可以取得股权。

针对隐名股东债权人而言，主要涉及能否对被代持股权或投资收益申请强制执行的问题，由于审执分离原则，原则上存在一定的法律空间，但仍有较大的障碍和进一步探讨的余地。

案例一

目标公司债权人可以要求名义股东承担清算赔偿责任

——温某等诉深圳乙实业公司借款合同纠纷案评析

根据我国《公司法》的规定,公司因股东会决议解散、因公司章程规定的营业期限届满、因陷入僵局时解散或者依法被吊销营业执照、责令关闭或者被撤销时,公司应当在15日内成立清算组。当股东不履行或不完全履行清算义务时,法律须强制其承担因违反法定义务而造成的不利法律后果,并赋予公司债权人或利害关系人寻求法律救济的权利。本文主要分析股东以其仅为公司名义股东为由抗辩能否免除赔偿责任的问题。

裁判要旨

代持股关系属于代持股人与被代持股人之间的合同法律关系,不能以此对抗公司债权人。在公司的外部关系方面,经工商登记备案的代持股的名义股东属于法律意义上的公司股东,其应为对外承担股东责任的直接主体,无论实际控制人是否承担相应的责任,只要未实际向债权人承担责任,代持股的名义股东就应当对外承担股东的责任。

争议焦点

1. 丙集团公司是否应当承担还款责任?

2. 温某、李某作为名义股东是否需要与实际股东承担连带还款责任?

案情概要

（一）基本案情

1. 案例索引

案号：（2015）民申字第2509号、（2015）粤高法民二终字第971号、（2006）深中法民二初字第187号

案由：借款合同纠纷

审理法院：最高人民法院（再审）、广东省高级人民法院（二审）、广东省深圳市中级人民法院（一审）

裁判时间：2015年11月27日（再审）

2. 案件基本事实

丙集团公司为甲投资公司的唯一出资人和实际控制人，温某、李某代丙集团公司持有甲投资公司的股份。

2004年4月27日，甲投资公司深圳分公司（甲方）与乙实业公司（乙方）签订《借款协议》。该协议约定，甲投资公司深圳分公司从乙实业公司处借款1500万元，借款期限4天，自2004年4月27日至30日。乙实业公司依约通过银行转账向甲投资公司深圳分公司分两笔共支付1500万元。甲投资公司深圳分公司于2004年4月27日向乙实业公司出具两张金额共计1500万元的收款收据。此后甲投资公司深圳分公司未按期向乙实业公司还款付息。

甲投资公司经股东会决议后于2006年11月9日经成都市工商行政管理局准予注销登记。根据深圳市工商注册登记信息查询单显示，甲投资公司深圳分公司已被吊销。另案中，人民法院判决确认在解散甲投资公司的决议上，温某、李某的签字并非其本人签字，决议应属无效。但由于超过时限，甲投资公司的工商注销登记无法撤销。

乙实业公司起诉要求实际出资人丙集团公司承担还款责任，名义股东温某、李某承担连带赔偿责任。

原告、被告在一审中的主张：

乙实业公司（一审原告、二审上诉人、再审被申请人）主张：（1）甲投资公

司深圳分公司向乙实业公司借款 1500 万元,甲投资公司对此应当承担还款责任,在未经合法清算的情况下,甲投资公司办理了注销登记,丧失民事主体资格,温某、李某作为股东、丙集团公司作为实际控制人应当承担责任。(2)根据商法交易中的公示公信主义与外观主义原则,温某、李某代丙集团公司持股,属于内部法律关系,不能对抗债权人;温某、李某作为甲投资公司的股东,因怠于履行股东职责,造成甲投资公司未经依法清算被注销,应承担股东责任。(3)二审时温某、李某已经认可甲投资公司应当承担 1500 万元债务及利息。

温某、李某(一审被告、二审被上诉人、再审申请人)抗辩主张:(1)《借款协议》系伪造,案涉借款事实并不存在。(2)温某、李某并非甲投资公司清算组成员,对其未经清算即办理注销登记不存在过错,公司解散系由案外人伪造温某、李某签名导致。(3)本案诉争的法律关系为侵权法律关系,而非借款合同纠纷,二审法院将案由确定为借款合同纠纷,认定法律关系错误。(4)本案属于《公司法司法解释(二)》第 19 条规定的"未经依法清算,以虚假的清算报告骗取公司登记机关办理法人注销登记",并非该解释第 20 条规定的"未经清算即办理注销登记,导致公司无法进行清算",二审法院适用法律错误。(5)依据《公司法司法解释(二)》的规定,仅在第 18 条和第 20 条消极侵权的情况下,股东和实际控制人才承担连带责任,本案属于第 19 条规定的积极侵权行为,未实施积极侵权行为的股东不应对外承担责任。

(二)法院观点及判决

■ 一审广东省深圳市中级人民法院

关于涉案《借款协议》的效力问题。首先,乙实业公司提供《借款协议》、银行进账单、收款收据等证据证明其主张,温某、李某、丙集团公司虽对《借款协议》的真实性持有异议,但其未提供充分有效证据予以反驳,故温某、李某、丙集团公司关于《借款协议》系伪造的抗辩意见,依据不足,法院不予采信。其次,尽管乙实业公司没有从事金融借贷业务的资质,但根据《借款协议》显示,甲投资公司深圳分公司因经营需要向乙实业公司借款,借款期限仅为 4 天,借款利率为年利率 0.6%,并不以获取高额利息为目的,亦没有证据显示乙实业公司以资金融通为常业,不属于违反国家法律、行政法规规定的从事借贷或变相借贷业务的违法行为,并未违反法律、行政法规的强制性规定,该《借款协议》依法应当发生法律效力。甲投资公司深圳分公司至今尚未向乙实业公司还款付息,应承担相应的违约责任。因甲投资公司深圳分公司系甲投资公司设立的领取营业执照的分公司,不具有法人资格,根据《公司法》第 14 条第 1 款的规定,甲投资公司深圳分公司所应承担的涉案债务由甲投资公司承担。

关于丙集团公司对涉案债务是否应承担清偿责任的问题。甲投资公司已被注销,即甲投资公司已丧失民事主体资格;虽然深圳市工商注册登记信息查询单显示甲投资公司深圳分公司为已吊销状态,但作为甲投资公司设立的分公司,在甲投资公司已丧失民事主体资格的情况下,应视为甲投资公司深圳分公司亦丧失民事主体资格。丙集团公司系甲投资公司的唯一出资人和实际控制人,其不清楚甲投资公司的财产状况,其怠于履行监管职责并造成甲投资公司未经依法清算即被注销,导致甲投资公司无法进行清算。根据《公司法司法解释(二)》第 20 条第 1 款的规定,丙集团公司对上述甲投资公司的涉案债务应承担清偿责任。

关于温某、李某对涉案债务是否应承担连带赔偿责任的问题。温某、李某代丙集团公司持有甲投资公司的股权,且解散甲投资公司的相关股东会决议及清算报告上温某、李某的签名系伪造,并非温某、李某的真实意思表示,故乙实业公司要求温某、李某对涉案债务承担连带赔偿责任的主张,依据不足,法院不予采信。

基于上述,一审广东省深圳市中级人民法院判决:(1)甲投资公司深圳分公司与乙实业公司签订的 1500 万元《借款协议》真实合法有效,甲投资公司深圳分公司未向乙实业公司还款付息,应承担违约责任。其因属于甲投资公司设立的分公司,故其债务依法应由甲投资公司承担。(2)因甲投资公司已被注销,甲投资公司深圳分公司亦丧失民事主体资格。丙集团公司系甲投资公司唯一出资人和实际控制人,怠于履行监管职责,造成甲投资公司未经依法清算即被注销,应对涉案债务承担清偿责任。(3)温某、李某代丙集团公司持有甲投资公司的股权,且解散甲投资公司的相关股东会决议及清算报告上温某、李某的签名系伪造,故不支持乙实业公司要求温某、李某对涉案债务承担连带赔偿责任的诉讼请求。

■ **二审广东省高级人民法院**

关于温某、李某对涉案债务是否承担清偿责任的问题。温某、李某系甲投资公司在工商行政管理机关登记备案的股东,甲投资公司未经依法清算即被注销,导致甲投资公司无法进行清算,温某、李某作为清算义务人,应依法承担相应的清算责任。温某、李某主张其二人系代丙集团公司持有甲投资公司的股权,且解散甲投资公司的相关股东会决议及清算报告上温某、李某的签名系伪造,并非温某、李某的真实意思表示,已有生效的沈阳市皇姑区人民法院(2010)皇民三初字第878号民事判决书进行了查明和认定。二审法院认为,根据商法交易中的公示公信主义与外观主义原则,温某、李某与丙集团公司之间的代持股权关系属于甲投资公司的股东内部法律关系,不能以此对抗公司债权人。至于解散甲投资公司的相关股东会决议及清算报告上温某、李某的签名系伪造,并不影响温某、李某及时行使股东权利和依法履行清算义务。温某、李某在甲投资公司未经依法清算即办理注销登记后,怠于行使股东权利和履行清算义务,导致甲投资公司无法进行清算,损害了公司债权人的利益。根据《公司法司法解释(二)》第20条第1款的规定,乙实业公司主张温某、李某应与丙集团公司对涉案债务承担清偿责任,理据充分,二审法院予以采纳。

基于上述,二审广东省高级人民法院改判确定温某、李某和丙集团公司向乙实业公司清偿借款本金1500万元及相应利息,其余判项维持了一审法院判决。

■ **再审最高人民法院**

关于本案案由确定为借款合同纠纷问题。本案争议是因甲投资公司深圳分公司不履行其于2004年4月27日与乙实业公司签订的1500万元《借款协议》而产生。乙实业公司本以甲投资公司深圳分公司和甲投资公司为被告提起诉讼,但在诉讼的过程中,甲投资公司办理了注销登记,甲投资公司深圳分公司被吊销营业执照，且未进行清算，由此乙实业公司才申请追加甲投资公司的股东和实际控制人对案涉债务承担清偿或赔偿责任。股东或实际控制人的这种责任，可以理解为对公司债权人的损害赔偿责任，因此性质上可归类为侵权法律关系。但在债权人以借款纠纷为由提起的诉讼中，一并起诉或者随后追加应负责任的股东或实际控制人为被告的情况下，可以将该类纠纷作为依附于借款纠纷的从属纠纷，与公司对外借款关系一并审理。本案甲投资公司是在诉讼过程中被非法注销的，导致不能再以甲投资公司作为诉讼主体，而只能变更相关股东及实际控制人为被告人，此种情形下的诉讼仍属于原借款纠纷诉讼的继续。且被变更的被告仍对借款关系是否真实存在及其效力存有争议，确定股东责任实际上仍是以审理借款纠纷为前提，故仍未脱离以借款纠纷为基础的状态。这种情况下，仍以借款纠纷作为案由，并不违反法律和司法解释的规定。此外，本案一审后温某、李某并未上诉，在二审答辩时也未对本案案由提出异议。二审争议的并非借款关系的真实性和有效性，只是温某、李某是否承担责任问题，二审法院对此争议焦点问题在相关事实认定和法律适用的分析方面并未忽视。故二审判决仍以借款合同纠纷确定本案案由，而未在其确认的案由中体现出股东损害公司债权人利益责任纠纷性质，对于本案讼争法律关系的性质及相关事实认定并无影响。

关于二审判决适用《公司法司法解释（二）》第20条确定温某、李某对案涉借款承担清偿责任是否属于认定事实和适用法律错误问题。

首先，《公司法司法解释（二）》第19条规定的“未经依法清算，以虚假的清算报告骗取公司登记机关办理法人注销登记”，其主体是“有限责任公司的股东、股份有限公司的董事和控股股东，以及公司的实际控制人”。本案温某、李某所提供的其他法院的相关判决和裁定，只是认定甲投资公司申请注销登记时，向登记机关提交的关于解散公司的三次股东会纪要和甲投资公司清算报告均为案外人伪造股东签名的文件，并确认其为无效，而并未认定是实际控制人丙集团公司伪造或指使案外人伪造上述文件。温某、李某主张案外人的行为是受丙集团公司指使实施的，缺乏证据。故本案的相关事实虽然在行为方式上符合《公司法司法解释(二)》第 19 条"以虚假的清算报告骗取公司登记机关办理法人注销登记"这一积极作为的条件,但并未符合该条规定的主体条件。一审判决未依据《公司法司法解释(二)》第 19 条的规定,而基于"丙集团公司是甲投资公司的唯一出资人和实际控制人,其不清楚甲投资公司的财产状况,怠于履行监管职责,造成甲投资公司未经依法清算即被注销,导致甲投资公司无法进行清算",根据该司法解释第 20 条第 1 款的规定,判令丙集团公司对公司债务承担清偿责任,无论是结果还是所依据的事实和法律,均无错误。况且,即使实际控制人确实实施了第 19 条规定的以虚假的清算报告骗取公司登记机关办理注销登记的行为(此种情况下,根据第 21 条的规定,实际控制人不得请求其他股东分担相应责任),也并不能当然排除对其他股东包括名义股东适用第 20 条第 1 款的规定追究责任。在第 19 条之后设置第 20 条的规定,可以理解为增加了公司债权人追究股东或实际控制人责任的途径选择,而并不能推断出在符合第 19 条规定的情况下,当然解除其他股东或名义股东责任的意思。故温某、李某主张应以《公司法司法解释(二)》第 19 条的规定为依据,判决丙集团公司承担公司债务责任,同时不能适用第 20 条的规定判决温某、李某承担责任,系混淆本案的基本事实,并无充分法律依据。

其次,根据商法上的公示公信和外观主义原则,第三人对公司登记信息的信赖利益应当受到保护。代持股关系属于代持股人与被代持股人之间的合同法律关系,不能以此对抗公司债权人。在公司的外部关系方面,经工商登记备案的代持股的名义股东属于法律意义上的公司股东,其是对外承担股东责任的直接主体,无论实际控制人是否承担相应的责任,只要未实际向债权人承担责任,代持股的名义股东就应当对外承担股东的责任。这一原则在《公司法司法解释(三)》第 26 条(2014 年修订前为第 27 条)中关于经公司登记机关登记的股东不得以其仅为名义股东而拒绝债权人要求其履行出资义务的规定中已经明确体现。《公司法司法解释(二)》第 21 条规定中也隐含股东不管过错有无、过错大小,对外必须承担股东责任,不能以自己没有过错为由对抗公司债权人的原则。温某、李某虽系代丙集团公司持有甲投资公司的股权，但并非被丙集团公司冒名登记为股东，代持股是符合其自己的意志和利益的行为，且并无证据显示乙实业公司在向甲投资公司深圳分公司提供借款时知悉并认可温某、李某的代持股人身份及丙集团公司的实际出资人地位，故温某、李某应当承担相应的法律责任风险。温某、李某尽管没有签署决定解散甲投资公司的股东会文件和清算报告，并称也不知道甲投资公司已被解散并依据虚假的清算报告办理了注销登记，即未直接实施损害公司债权人利益的行为，但作为甲投资公司经登记的股东，上述情形亦属于其怠于行使股东权利和履行股东监管职责及清算义务的行为，导致公司被非法注销而无法清算，损害公司债权人利益。该情形已经符合《公司法司法解释（二）》第 20 条第 1 款规定的承担责任的条件。本案二审判决依据该条款判令温某、李某对公司债务承担责任，并无不当。

基于上述，再审最高人民法院认为温某、李某的再审申请不符合 2012 年《民事诉讼法》第 200 条第 2 项、第 6 项规定的情形，依照 2012 年《民事诉讼法》第 204 条第 1 款之规定，裁定驳回温某、李某的再审申请。

焦点问题评析

（一）清算义务的承担主体

我国《公司法》制定之初并没有规定清算义务人制度，在实践中该义务由谁承担经常产生争议，也导致这一问题在司法裁判上的不统一。[①] 为了更好地保护债权人利益，解决清算责任困境，《公司法司法解释（二）》第 18 条至第 20 条规定了公司清算义务人主体包括有限责任公司的股东、股份有限公司的董事和控股股东以及公司的实际控制人。公司解散后，清算义务人应及时启动清算程序，对公司进行清算，如不当履行清算义务则应当承担相应民事责任。[②] 清算义务本质上属于一项诚信义务，在内涵上包括注意义务

① 徐力英：《有限责任公司清算义务人责任纠纷之探讨》，载《人民司法》2011 年第 1 期。

② 李清池：《公司清算义务人民事责任辨析》，载《北大法律评论》编辑委员会编：《北大法律评论》第 15 卷第 1 辑，北京大学出版社 2014 年版，第 61 页。

和忠实义务,源于英美信托法。[①] 清算义务人不当履行清算义务会导致公司财产的减损,而公司财产则是债权人实现债权的保障,一旦公司财产减损,公司权益和债权人利益均会受到损害,由清算义务人承担侵权责任符合法理规则。[②]

对此,《民法典》第70条进一步规定,"法人解散的,除合并或者分立的情形外,清算义务人应当及时组成清算组进行清算。法人的董事、理事等执行机构或者决策机构的成员为清算义务人。法律、行政法规另有规定的,依照其规定。清算义务人未及时履行清算义务,造成损害的,应当承担民事责任;主管机关或者利害关系人可以申请人民法院指定有关人员组成清算组进行清算"。实践中也可将此条款作为法律依据。

(二)公司未清算即注销登记时名义股东的责任承担

本案以借款合同纠纷为基础展开,涉及公司清算责任的承担问题。就本案借款合同部分的事实,一审法院进行了确认,再审申请人温某、李某在二审中对此也予以认可,借款合同部分的事实与法律适用并非再审审查的重点。本案核心争议点在于,当公司未依法清算即注销登记时,名义持股人温某、李某是否需要承担相应民事责任,履行公司注销登记前所负的债务。公司债权人要求公司股东或实际出资人在未对公司依法清算即注销情况下的公司债务承担赔偿责任,本质上是因为股东或出资人存在过错,滥用公司法人独立人格制度损害公司债权人的合法债权,属于侵权责任范畴,故应当遵循侵权责任的基本法律逻辑处理。

一审法院以温某、李某是否存在过错作为判断标准,认为甲投资公司注销是由于案外人伪造温某、李某签名通过决议,并非温某、李某的真实意思表示,温某、李某不应承担责任。

二审法院适用《公司法司法解释(二)》第20条第1款的规定,认定温某、李某作为甲投资公司的股东,在公司未经清算即注销时需要承担责任,

---

① 李建伟:《公司清算义务人基本问题研究》,载《北方法学》2010年第2期。

② 王益华、李延强:《公司清算义务人清算赔偿责任的几点思考——解读〈公司法〉司法解释(二)第18条、第19条》,载《山东审判》2011年第5期。

无须考虑有无过错,对一审法院的该项判决进行纠正。

在再审过程中,结合再审申请人温某、李某提出的二审法院适用法律错误的主张,最高人民法院对名义股东是否应当承担清算责任作出了如下分析。首先,最高人民法院明确了《公司法司法解释(二)》第 19 条和第 20 条的规制范围,《公司法司法解释(二)》第 19 条规制的是公司实际控制人以虚假的清算报告骗取公司登记机关办理法人注销登记的行为,本案中骗取登记机关办理注销登记的不能证明是实际控制人操纵的,实际控制人并不清楚公司的财产及经营状况,因而在行为主体上与本条规定不相吻合。其次,最高人民法院界定了《公司法司法解释(二)》第 19 条和第 20 条的适用关系,在第 19 条的基础上,第 20 条增加了公司债权人追究股东或实际控制人责任的途径选择,在当事人行为符合第 19 条规定的情况下,并不能得出其他股东或名义股东责任就此免除的结论。最后,最高人民法院明确了公司名义股东对外承担清算责任的规则原则。根据商法上的公示公信和外观主义原则,代持股关系不能对抗公司债权人,是否存在代持股关系不影响对外承担清算责任。同时,根据《公司法司法解释(二)》第 20 条和第 21 条的规定,对外部承担清算责任无须考虑股东和实际控制人是否存在过错,过错的有无和大小仅影响当事人在内部分担责任的份额。

也就是说,公司工商登记的记载具有对外公示效力,第三人对公司登记信息的信赖利益应当受到保护,债权人有权诉请登记于公司登记机关的股东承担清算赔偿责任。经公司登记机关登记的股东属于法律意义上的公司股东,其是对外承担股东责任的直接主体,代持股关系属于代持股人与被代持股人之间的合同关系,不能以此对抗债权人。

实际上,作为公司股东,只要依法办理工商登记,就必然负有法定职责,对外勤勉履行股东义务,维护与公司交易的善意相对人。因此,公司名义股东必然需要关注公司状况,如果怠于履行股东职责、未能依法办理公司清算义务,就有可能需要对公司债务承担连带责任。我们也关注到,鉴于小股东不参与公司经营管理,亦不应过度要求小股东承担清算责任,最高人民法院在《九民会议纪要》第 14 条中,对小股东的清算义务进行了进一步厘清,明确了“小股东举证证明其既不是公司董事会或者监事会成员,也没有选派人员担任该机关成员,且从未参与公司经营管理,以不构成‘怠于履行义务’为由,主张其不应当对公司债务承担连带清偿责任的,人民法院依法予以支持”。如此一来,名义股东也可以有机会避免承担过度的清算责任。

在司法实践中,为了保护公司解散清算过程中相关主体的利益,科学确定清算义务人的义务和责任非常重要。清算义务是股东基于股东身份的法定义务。本案确立了工商登记的名义股东是否为他人代持股不得对抗债权人的规则,对于后续司法适用具有重大意义。

案例二

名义股东未经实际出资人同意而无偿转让股权，参照善意取得制度进行认定

——甲投资公司与乙汽车公司等与公司有关的纠纷案评析

股权代持情形下，名义股东作为登记在公司名册、公司章程及工商登记信息中的名义出资人，与借用他人名义出资的实际出资人之间签订的协议只对双方发生效力，而不能约束公司及其他第三人。通常情况下，实际出资人并不享有任何股东权利，不得根据双方的代持协议要求行使利润分配请求权或表决权。因此，名义股东否认代持事实，未经实际出资人同意擅自处分股权的情形时有发生。在实践中，在股权代持的交易安排模式下，实际出资人的法律地位将如何认定，名义股东签订的股权转让合同的效力如何非常重要。

裁判要旨

在股权代持的实践中，名义股东处分债权，需要综合案件具体情况进行裁判，名义股东未经实际出资人同意而无偿转让股权的，属于无权处分，实际股东对此情形不予追认的，根据案件具体情况，该转让行为可认定无效。

争议焦点

1. 天津A公司是否为B合资公司的实际出资人？

2. 乙汽车公司与丙贸易公司的股权转让协议是否合法有效？

3. 甲投资公司能否请求回转股权登记？

案情概要

(一)基本案情

1. 案例索引

案号:(2016)最高法民申1046号、(2012)高民终字第888号、(2010)二中民初字第12377号

案由:与公司有关的纠纷

审理法院:最高人民法院(再审)、北京市高级人民法院(二审)、北京市第一中级人民法院(一审)

裁判时间:2017年6月(再审)

2. 案件基本事实

乙汽车公司与甲投资公司先是合资成立天津A公司(乙汽车公司持股60%,甲投资公司持股40%)。1999年2月2日,乙汽车公司、甲投资公司及天津A公司又共同签订《关于成立B合资公司的协议》,约定由天津A公司和香港某公司实际出资成立B合资公司,其中,天津A公司的股份由乙汽车公司代持,香港某公司的股份由程某和深圳某公司分别代持。2002年7月增资之后,工商登记显示乙汽车公司持有B合资公司50%股份,程某持股26.79%,深圳某公司持股23.21%。

2003年12月18日,B合资公司召开股东会并通过决议:(1)同意乙汽车公司将其在B合资公司的全部出资转让给天津A公司;(2)出资转让完成后,天津A公司在B合资公司享有同其出资相一致的股东权利及义务;(3)在上述出资转让完成后,B合资公司应修改协议及章程并办理工商变更手续。

2003年12月30日,乙汽车公司与天津A公司签订《出资转让协议书》,由天津A公司受让乙汽车公司持有的B合资公司50%股份。但直至2006年,该协议尚未实际履行。

2006年8月5日,外资公司D公司受让了程某与深圳某公司持有的B合资公司股份,成为外方股东,并对中方股东存在代持股关系表示知晓。

2008年7月18日,乙汽车公司又和丙贸易公司签订了股权转让合同,

乙汽车公司将其持有的 B 合资公司 50% 的股权无偿转让给了丙贸易公司。

2008 年 7 月 20 日，B 合资公司召开股东会并通过决议，同意乙汽车公司将其持有的 50% 的股权转让给丙贸易公司，D 公司放弃优先购买权。

2008 年 8 月 18 日，B 合资公司办理了工商变更登记，该 50% 股权由乙汽车公司过户到丙贸易公司名下。

甲投资公司对乙汽车公司与丙贸易公司的股权转让表示异议，诉至法院。

原告、被告在一审中的主张：

甲投资公司（一审原告、二审被上诉人、再审申请人）主张：（1）天津 A 公司系乙汽车公司所持 B 合资公司股权的实际出资人，且乙汽车公司与天津 A 公司签订《出资转让协议书》，该协议书系双方真实意思表示，反映了乙汽车公司代持天津 A 公司股份的事实。但乙汽车公司、B 合资公司不履行约定义务，擅自将本属天津 A 公司所有的股权转让给他人，致使天津 A 公司的合法权益遭受严重损害，并进而严重侵害了甲投资公司作为天津 A 公司股东的合法权益。（2）二审法院改变一审判决中关于股权转让合同被认定无效后，B 合资公司应根据相关行政规定向工商登记机关办理相关变更登记手续的认定，导致天津 A 公司成为 B 合资公司股东的机会落空，损害了天津 A 公司的权益。

乙汽车公司、B 合资公司（一审被告、二审上诉人、再审申请人）主张：（1）天津 A 公司、乙汽车公司和甲投资公司三方于 1999 年共同签订的《关于成立 B 合资公司的协议》违反相关外商投资企业法律、行政法规的强制性规定，以合法形式掩盖非法目的，损害国家利益及社会公共利益，因而无效，且乙汽车公司实际行使对 B 合资公司的股东权利，该协议并未实际履行。（2）乙汽车公司对 B 合资公司进行了出资，天津 A 公司未实际出资。乙汽车公司对 B 合资公司的设立出资及两次增资均有验资报告证明。只有注册会计师验证企业资本后依法出具的验资报告才具有确认出资的效力，审计报告不能确认出资。甲投资公司提供的出资（增资）银行凭证等资料大部分为复印件，原始凭证有涂改痕迹及其他严重瑕疵，不应采信。（3）乙汽车公司将股权无偿划转给丙贸易公司之前,天津A公司从未就股权权属提出过异议,乙汽车公司与丙贸易公司之间国有产权无偿划转时,国有产权权属清晰且无任何纠纷,该次国有产权无偿划转有效。

(二)法院观点及判决

■ 一审北京市第一中级人民法院

关于甲投资公司提出要求**确认第三人天津A公司是B合资公司的实际出资人**的诉讼请求,从本案查明事实看,1999年2月2日,乙汽车公司、天津A公司和甲投资公司共同签订的《关于成立B合资公司的协议》,明确约定:B合资公司以乙汽车公司为合资一方的名义进行注册申请,天津A公司则为实际出资方和经营方进行业务上的独立操作;B合资公司的经营利润分成后,先归天津A公司所有,然后再按6:4的比例由乙汽车公司和甲投资公司进行再分配;B合资公司在经营中发生的一切责任、亏损及风险均由天津A公司和香港某公司负责等。《关于成立B合资公司的协议》应是当事人真实意思表示,且天津A公司作为合资公司可以在国内投资成立公司。对此,国家法律、行政法规并没有禁止性规定,只是需报相关行政机关批准,故上述协议虽未经批准,但应属成立而未生效的协议。乙汽车公司、丙贸易公司、B合资公司关于该协议约定内容违反了原《指导外商投资方向暂行规定》、原《外商投资产业指导目录》等行政法规的强制性规定,依法属于无效的辩称不能成立,一审法院对此不予支持。由于B合资公司和第三人天津A公司的审计报告中均明确了天津A公司是B合资公司实际出资人,中润达公司向北京市人民政府国有资产监督管理委员会(以下简称北京市国资委)和天津A公司管理当局出具的管理建议书,亦明确B合资公司股东存在名义和实际出资人问题,建议天津A公司在核实出资情况的基础上,尽快办理相关手续,以明晰产权关系。另外,甲投资公司提交的相关证据亦证明B合资公司多次向实际出资方天津A公司借款,天津A公司以投资款、借款、贷款等形式陆续向B合资公司投入资金共计人民币2200万元。综上,甲投资公司主张天津A公司是B合资公司的实际出资人有事实依据,一审法院予以支持。

关于**乙汽车公司将其持有的B合资公司股权无偿转让给丙贸易公司的效力**问题，虽然在工商登记中乙汽车公司是B合资公司的股东，但从本案现有证据可以证明乙汽车公司只是B合资公司50%股权的名义持有人，其未经实际出资人天津A公司同意，就将该股权无偿转让给丙贸易公司，侵犯了天津A公司在B合资公司的权益，依照《合同法》第52条的规定，应属无效。

基于上述，一审北京市第一中级人民法院依据《物权法》第106条，《民法通则》第135条、第146条，《合同法》第52条第2项，《公司法》(2005年)第152条，《公司法司法解释(三)》第26条，《民事诉讼法》(2007年修正)第235条之规定，判决：(1)确认天津A公司是B合资公司的实际出资人；(2)确认乙汽车公司与丙贸易公司于2008年7月18日签订的股权转让合同无效；(3)驳回甲投资公司的其他诉讼请求。

■ **二审北京市高级人民法院**

关于本案证据能否认定天津A公司为B合资公司实际出资人的问题。根据B合资公司设立登记、变更登记记载，乙汽车公司向B合资公司出资及增资，该出资及增资行为被相关验资报告所确认。现甲投资公司提交相关证据，主张乙汽车公司仅为名义的出资人，而实际出资人为天津A公司。对此，乙汽车公司上诉认为甲投资公司提供的部分证据为复印件，无论是审计报告还是中润达公司的管理建议书，其中关于天津A公司为B合资公司出资人的内容仅是天津A公司的单方陈述，或是转引自并无原件的京诚验字(2002)048号《关于北京B合资公司验资情况的说明》，缺乏根本的事实基础，不能证明天津A公司为实际出资人。对此意见，甲投资公司的陈述为，其提起股东代表诉讼，提供的与天津A公司及B合资公司相关的证据不在甲投资公司存档，故无法提供原件，原件应由上述两公司提供。法院认为，对于甲投资公司提供的所涉天津A公司证据的复印件，经一审法庭质证，天津A公司对其真实性予以认可。对于甲投资公司提供的所涉B合资公司证据的复印件，B合资公司虽然不予认可，但B合资公司及乙汽车公司并未能提供除验资报告等工商登记材料以外的其他证据反驳甲投资公司的主张。经法院向北京京诚会计师事务所(以下简称京诚所)进行核实，该所确认出具了《关于北京 B 合资公司验资情况的说明》,故法院对乙汽车公司提出本案复印件不能作为证据的上诉理由不予采纳。

关于各方签订的《关于成立 B 合资公司的协议》的效力是否影响本案对实际出资人的认定问题。1999 年各方签订的上述协议约定,由天津 A 公司对 B 合资公司进行实际出资,以乙汽车公司的名义进行注册申请,B 合资公司的经营利润分成后,先归天津 A 公司所有,然后再按 6∶4 的比例由乙汽车公司和甲投资公司进行再分配。故上述协议仅系各方对 B 合资公司实际出资及收益分配的约定,不存在经相关部门的审批才能生效的问题。本案中,甲投资公司依据上述协议及其他相关证据请求确认天津 A 公司为 B 合资公司 50% 股权的实际出资人,法院对该出资事实的认定也不以该协议是否有效作为前提,即该协议的效力与否并不影响对天津 A 公司向 B 合资公司出资事实的认定。

关于案涉股权转让协议的效力问题。乙汽车公司未经天津 A 公司同意将股权无偿划转至丙贸易公司,虽然乙汽车公司及丙贸易公司均主张根据《企业国有产权无偿划转管理暂行办法》的规定,国有资产管理部门有权依法处置国有资产,国有企业之间允许无偿划转,其性质与股权转让有根本的区别。但是,上述《企业国有产权无偿划转管理暂行办法》第 5 条同时也规定,被划转企业国有产权的权属应当清晰。权属关系不明确或存在权属纠纷的企业国有产权不得进行无偿划转。故一审法院判决依据《合同法》第 52 条的规定认定乙汽车公司与丙贸易公司之间的股权转让应属无效,并无不当。

鉴于乙汽车公司与丙贸易公司之间的股权转让经过了北京产权交易所的相关程序,且在股权转让后,受让方已实际行使并享有 B 合资公司的股东权利,若将案涉股权回转,既不利于企业的经营发展,也不利于市场交易秩序的稳定。故法院对一审法院判决关于股权转让合同无效后,B 合资公司应据此根据相关行政规定,向工商登记机关办理相关变更登记手续的认定予以纠正,即本案股权转让合同被确认无效后,天津 A 公司可以通过请求补偿等方式救济其权益。

基于上述，二审北京市高级人民法院认为，一审法院判决认定本案基本事实清楚，审判程序合法，对一审法院的判决结果予以维持。

■ 再审最高人民法院

《关于成立B合资公司的协议》载明：B合资公司的实际投资方为天津A公司和香港某公司，以乙汽车公司的名义代替实际出资方天津A公司持股，B合资公司以乙汽车公司为合资一方的名义进行注册申请，天津A公司为实际出资方和经营方进行业务上的独立操作，B合资公司在经营中发生的一切责任、亏损及风险均由天津A公司和香港某公司负责。《关于成立B合资公司的协议》系天津A公司、乙汽车公司和甲投资公司三方于1999年2月2日对B合资公司实际出资、名义出资及收益分配的内部约定，天津A公司对外以乙汽车公司名义投资B合资公司不违反法律和行政法规的强制性规定，上述内部约定也不存在经相关部门审批才能生效的问题，协议内容反映的是各方约定天津A公司对B合资公司实际出资的真实意思表示。B合资公司2003年12月18日的股东会决议以及乙汽车公司与天津A公司于2003年12月30日签订的《出资转让协议书》，均同意乙汽车公司将其在B合资公司的全部出资转让给天津A公司，出资转让完成后，B合资公司应修改协议及章程并办理工商变更手续。上述股东会决议以及《出资转让协议书》均未提及股权转让价款数额及支付事宜。而且，京诚所对B合资公司的系列审计报告均注明，天津A公司是B合资公司的实际出资人。北京市国资委指定的会计师事务所北京中润达会计师事务所有限公司出具的天津A公司2005年度审计报告及管理建议书均载明：在审计中发现，天津A公司账面核算的长期投资，根据京诚所京诚验字（2002）048号验资报告（增资）显示，其出资方之一为乙汽车公司，实际投资人为天津A公司，乙汽车公司为名义投资人，截至2005年年末尚未办理章程及工商变更登记手续，股权转移手续尚未全部完成；建议天津A公司在核实出资情况的基础上，尽快办理相关手续，以明晰产权关系。乙汽车公司虽然认为甲投资公司提供的部分证据为复印件，但二审法院已向京诚所核实了《关于北京B合资公司验资情况的说明》的真实性。B合资公司兼并北京市粘合剂二厂的事实并不影响关于天津A公司对B合资公司实际出资行为的认定。综合上述情况,二审判决认定天津A公司为B合资公司的实际出资人,具有充分事实依据,并无不当。

乙汽车公司作为名义股东,未经实际出资人天津A公司同意而向丙贸易公司转让讼争股权,属于无权处分。因上述转让为无偿转让,且天津A公司不予追认,该转让行为应认定无效。在本案审查过程中,B合资公司提供的情况说明及其工商登记资料,表明丙贸易公司已于2016年2月2日将持有B合资公司的50%股权变更登记至案外人恒盛公司名下,交易方式系无偿划转。乙汽车公司、B合资公司与甲投资公司对上述股权转让的真实性均无异议。

甲投资公司在一审中,请求法院判令B合资公司向公司登记机关申请撤销就乙汽车公司与丙贸易公司之间的股权转让所办理的工商变更登记,实际上是请求将原登记在丙贸易公司名下的股权回转登记至乙汽车公司名下。鉴于讼争股权已经转让至其他公司名下,甲投资公司在本案中请求实现讼争股权回转登记的客观条件已不具备,其申请法院再审纠正二审判决不支持其上述请求的认定,缺乏事实和法律依据。

焦点问题评析

(一)对股权代持关系中实际出资人的认定

就公司实际出资人的认定问题,一审、二审、再审法院在认定路径上均存在一致性,综合当事人各方订立的《出资协议》(《股权代持协议》),公司审计、验资报告,当事人之间另行达成的《股权转让协议》,对代持股关系表示认可的声明等材料,认定本案中天津A公司系B合资公司的实际出资人,乙汽车公司仅为代持天津A公司的股权。对此,甲投资公司代位天津A公司提起了股东代位诉讼,请求确认相关股转协议无效。由此可以看出,实际出资人的股东也可以代位实际出资人,提出救济权利和途径。

另外,关于出资事实的证明问题,本案中虽然甲投资公司限于其自身举证能力,提交了有关出资资料的复印件,未能提供相关证据原件,但乙汽车公司除了工商档案材料之外并未提供其他关于履行出资义务的有效凭证，法院结合相关核实情况，认定了甲投资公司关于天津A公司为实际出资人的主张。因此，举证责任也与证据控制、持有情况相关联，结合案件具体情况，也可以适用书证提出命令制度。

针对乙汽车公司、B合资公司提出的原有《出资协议》违反强制规定无效的主张，二审法院、再审法院一方面认为以股权代持的方式合资经营公司不违反法律、行政法规的强制性规定；另一方面认为根据《出资协议》效力问题不影响对天津A公司向B合资公司出资事实的认定。

（二）名义股东无偿转让公司股份的效力

一般而言，名义股东对外转让持股股权，对于第三人能否取得该股权，司法实践中基于商事公示公信原则，通常参照善意取得制度予以处理。

每个案件均有其特殊性。本案中，就案涉无偿转让B合资公司股份行为的效力问题，一审法院认定其损害实际出资人天津A公司的利益，违反《合同法》第52条的规定，属于无效。二审法院针对乙汽车公司与B合资公司提出的国有企业之间允许无偿划转股权，不属于股权转让的主张，认为无偿划转股权的前提是被划转企业国有产权权属清晰，不能在股权代持的情形下，通过无偿划转股权侵害实际出资人利益，应属于无效。再审法院将乙汽车公司未经实际出资人同意即无偿转让股份的行为认定为无权处分，其认为在无偿转让且未得到实际出资人追认的情况下，该转让行为无效，该分析路径与《公司法司法解释（三）》第25条规定的参照《物权法》善意取得的规定，认定名义股东转让股权行为的效力是一致的。我们理解，本案裁判的基本事实前提是，B合资公司对于乙汽车公司代持天津A公司的涉案股权是知悉和认可的，乙汽车公司及丙贸易公司属于无偿划转涉案股权。由此，法院参照善意取得制度的有关情况，认定涉案股权转让协议属于无效。

就实际出资人能否请求撤销已有的工商登记、否定已发生的股权转让效力的问题，一审法院支持实际出资人的主张，要求B合资公司办理工商变更登记，二审法院和再审法院则是从实际情况出发，为维护市场交易秩序和公司正常运营，倾向于通过其他方式弥补实际出资人的损失，而非直接否定已有的股权交易结果,将股权回转登记到乙汽车公司名下。因而,在类似案件中,实际出资人存在无法请求返还股权、也无法继续享有投资收益的风险。

(三)关于股权的善意取得

实际上,关于股权善意取得的问题,这一制度源自物权善意取得,是物权善意取得原理在股权变动中的具体运用。2014 年《公司法司法解释(三)》第 7 条、第 26 条和第 28 条规定了以股权向公司出资、股权转让案件,人民法院可以参照《物权法》第 106 条的规定认定股权的善意取得。依据《公司法司法解释(三)》,股权的善意取得被审慎限缩为现实中发生频率较高的无权处分的两个类型,即名义股东之无权处分和一股多卖。[①] 最高人民法院负责人在解释《公司法司法解释(三)》第 26 条、第 28 条的立法理由时,也在类推不动产登记公信力,“所以第三人凭借对登记内容的信赖,一般可以合理地相信登记的股东(即名义股东)就是真实的股权人,可以接受该名义股东对股权的处分,实际出资人不能主张处分行为无效”[②]。

有限责任公司的股权转让能否适用善意取得制度,必须考察其是否存在善意取得的逻辑前提及是否存在发生无权处分的可能性。[③] 准此而言,股权善意取得的构成要件一般有三个:第一,受让人受让股权时是善意的。善意是指受让人受让股权时,对转让人并非所转让股权真正的权利人不知情,且对不知情不存在重大过失。第二,以合理的价格转让。实践中,由于有限责任公司股权转让并无公开市场价格,认定转让价格的合理性便成为司法认定难点。从实践经验来看,笔者认为,可以考虑是否经过法定评估机构评估、是否经过自愿、平等协商等方面认定是否为合理的价格。第三,转让的股权已经登记。登记要求一方面是为了保障股权产生名义上的可信赖性,

---

① 张笑滔:《股权善意取得之修正——以〈公司法司法解释三〉为例》,载《政法论坛》2013 年第 6 期。

② 《最高人民法院民二庭负责人就〈关于适用《中华人民共和国公司法》若干问题的规定(三)〉答记者问》,http://www.court.gov.cn/shenpan-xiangqing-2501.html,2021 年 5 月 6 日访问。

③ 郭富青:《论股权善意取得的依据与法律适用》,载《甘肃政法学院学报》2013 年第 4 期。

另一方面则是构成法律观念上的交付，具体则体现为工商登记已经变更，股东名册也已经变更。

司法实践中，名义股东未经实际出资人同意，擅自处分股权的情形时有发生。对于有限责任公司而言，由于其治理体系具有封闭性和人合性的特征，股权发生无权处分后满足善意取得法律要件的情形较少。因此，司法实践中有限责任公司股权善意取得的适用条件应当更为谨慎、从严把控，不应轻易作扩大解释。对于股权代持关系的不同主体而言，应考虑到相应责任承担风险，在进行股权转让交易时充分防范风险。

案例三

名义股东擅自出质代持股权,取得质权人同意或质权消灭后可以进行股权回转登记

——甲实业公司、乙置业公司股权转让纠纷案评析

商事活动中经常出现委托他人代为持股情形,有的是因实际出资人不愿意公开自己的身份,有的是为了规避经营中的关联交易。代持股行为有可能面临股权被名义股东擅自处分的问题,而对于隐名出资人而言则涉及如何将该被擅自处分股权返还的问题。本文主要分析代持股协议中股权返还条件是否成就的相关问题。

裁判要旨

代持股情形下,隐名股东曾以股东身份参加公司股东会并进行了表决,表明其他股东同意或至少不反对隐名股东成为公司股东。在案涉股权已经质押给案外人的情况下,在取得质权人同意或当出质人清偿债务保证质权消灭后,隐名公司可以依法要求进行股权转让登记。

争议焦点

1. 委托代持当事人之间是否满足股权返还的条件?

2. 如果股权返还的条件满足,是否可以实际履行协议,办理股权过户手续?

案情概要

(一)基本案情

1. 案例索引

案号:(2018)最高法民申4156号、(2017)最高法民终870号、(2015)高民(商)初字第3542号

案由:股权转让纠纷

审理法院:最高人民法院(再审、二审)、北京市高级人民法院(一审)

裁判时间:2018年9月28日(再审)、2018年3月30日(二审)、2015年9月1日(一审)

2. 案件基本事实

2011年3月8日,甲实业公司与中国某集团签订《股权转让协议》,约定由中国某集团或其指定的乙置业公司受让甲实业公司持有的丙房地产公司85%的股权。甲实业公司同意中国某集团全权授权乙置业公司承担合同的执行,享有合同的权利和承担合同的义务。

2011年5月14日,丙房地产公司吸收乙置业公司为新股东,甲实业公司将其在丙房地产公司登记注册时所认缴的全部货币8500万元都转让给乙置业公司。2011年5月18日,丙房地产公司向工商登记机关申请办理了股东变更登记。

2012年11月26日,甲实业公司、乙置业公司签订《补充协议》,确认:乙置业公司自甲实业公司受让的丙房地产公司股权中有甲实业公司实际拥有的30%股权,并且约定在任何条件下都要确保甲实业公司持有的30%股权比例不变;鉴于目前不具备转股条件,甲实业公司对丙房地产公司享有的股权由乙置业公司代持,暂不办理工商变更登记;待戊资产公司及己资产公司债务清偿完毕之日,乙置业公司再将代持的股权返还甲实业公司;乙置业公司全权办理项目融资所有手续,并有权将所持股权及代持甲实业公司股权质押给戊资产公司及己资产公司。

2013年6月14日,乙置业公司向甲实业公司发函,提议将《补充协议》中的融资机构修改为庚投资公司。

2013 年 7 月 30 日,丙房地产公司召开股东会,乙置业公司代表王某、甲实业公司代表与丁置业公司代表参会,就杰宝公寓住户的腾退问题达成一致意见。

2014 年 7 月 1 日,丙房地产公司召开第六届第一次股东大会并作出决议,确认增资后注册资本为 11,000 万元,其中王某出资数额为 1000 万元,乙置业公司出资数额为 8500 万元,丁置业公司出资数额为 1500 万元。其中,乙置业公司、丁置业公司均为某置业股份有限公司的全资子公司,而某置业股份有限公司的实际控制人也是王某。

2015 年 5 月 13 日,丙房地产公司的股东乙置业公司、丁置业公司和王某将公司全部股权出质给戊资产公司,并办理了股权出质登记。

现甲实业公司请求乙置业公司返还其代为持有的 30% 丙房地产公司股权,诉至法院。①

原告、被告主张:

甲实业公司(一审原告、反诉被告、二审上诉人)主张:其请求将股权过户到自己名下,不要求对已经质押的股权进行处分。该请求不影响案外人质权的实现与行使,也不损害质权人的利益,一审判决驳回甲实业公司股权过户的诉讼请求,适用法律错误。

丙房地产公司(一审被告、二审被上诉人)主张:其并非股权转让协议的当事人,因而不负有办理股权过户手续的义务。且甲实业公司的股权已经质押给他人,其要求办理股权过户手续的诉讼请求客观上无法实现,请求驳回甲实业公司的该项诉讼请求。

乙置业公司(一审被告、反诉原告、二审上诉人)主张:丙房地产公司的其他股东不同意甲实业公司成为丙房地产公司的显名股东,甲实业公司成为丙房地产公司显名股东的法定条件未成就。且根据《补充协议》的约定,在丙房地产公司未偿还完戊资产公司及己资产公司借款之前,甲实业公司

---

① 本案当事人之间围绕《股权转让协议》《补充协议》等尚存在其他纠纷和诉讼请求,此处仅从股权代持关系与第三人利益的角度展开分析和论述,对于其他诉讼请求及相关的抗辩与法院认定,暂行略去。

无权成为显名股东。丙房地产公司目前尚欠戊资产公司借款4亿元债务，甲实业公司成为显名股东的约定条件亦未成就。

（二）法院观点及判决

■ 一审北京市高级人民法院

《补充协议》确认乙置业公司代替甲实业公司持有丙房地产公司的30%股权，该委托持股约定并未违反法律、行政法规的强制性规定，应当认定合法有效。但《补充协议》同时又约定，委托持股关系终止，乙置业公司返还甲实业公司股权的条件是：丙房地产公司先清偿完对戊资产公司及己资产公司的债务。然而，从乙置业公司于2013年6月14日提议将《补充协议》中的融资机构修改为庚投资公司，以及丙房地产公司从庚投资公司融资等事实看，丙房地产公司并未向戊资产公司及己资产公司融资，故《补充协议》有关代持股权返还条件的约定并未生效，也就谈不上条件是否成就的问题，因此乙置业公司有关返还条件不成就的答辩意见不能成立。根据《公司法司法解释（三）》第24条第3款的规定，甲实业公司请求办理股东工商变更登记的前提是，须征得丙房地产公司其他股东半数以上同意，即应当征得丁置业公司及王某的同意。根据丁置业公司、丙房地产公司和王某之间的关系，可以认定丁置业公司和王某对于乙置业公司代持甲实业公司股权是明知的。从2013年7月30日丙房地产公司股东会召开的情况看，丁置业公司和王某对于甲实业公司作为丙房地产公司的股东不仅没有异议，而且还认可其以股东身份行使权利。据此，甲实业公司有关办理股东工商变更登记的该项诉讼请求于法有据，本应得到支持。但鉴于该代持的股权已质押给案外人，导致该项诉讼请求无法实现，因而客观上不能得到支持，甲实业公司可以另行寻求救济。

基于上述，一审北京市高级人民法院依照《合同法》第8条、2014年《合同法司法解释（二）》第29条、2014年《公司法司法解释（三）》第25条、2015年《民事诉讼法司法解释》第90条之规定，判决如下：（1）乙置业公司于判决生效后10日内给付甲实业公司股权转让款62,796,600元，并支付资金占用利息；（2）驳回甲实业公司的其他诉讼请求；（3）驳回乙置业公司的其他反诉请求。

■ 二审最高人民法院

甲实业公司与乙置业公司签订原股权转让协议后不久就退出了丙房地产公司股东会,并于 2011 年 5 月 18 日完成了股东变更登记。至此,甲实业公司已不再是丙房地产公司股东。但鉴于乙置业公司尚未付清全部股权转让款,丙房地产公司的债务负担等问题亦未处置完毕,双方又于 2012 年 11 月 26 日签订《补充协议》,对原股权转让协议及其补充协议约定的权利义务关系进行调整,其中就包括了乙置业公司以少向甲实业公司支付部分股权转让为对价,返还甲实业公司 30% 丙房地产公司股权的约定。《补充协议》有关股权返还的约定,从乙置业公司的角度看,本质上属于股权转让协议;从甲实业公司的角度看,则属于股权回购的约定。从《补充协议》的约定看,甲实业公司办理股权过户手续是有条件的,其条件是丙房地产公司需要清偿完所欠戊资产公司及己资产公司的债务。在条件未成就之前,该部分股权由乙置业公司代持。乙置业公司主张,丙房地产公司尚未清偿完所欠的戊资产公司及己资产公司债务,约定的股权过户条件未成就,甲实业公司有关股权过户的诉讼请求缺乏事实依据。根据"谁主张,谁举证"的举证责任分配原则,乙置业公司应当对其该项主张承担举证责任。但在一审程序中,乙置业公司并未举证证明《补充协议》签订时丙房地产公司已向戊资产公司或己资产公司进行融资的事实或意向,亦未举证证明《补充协议》签订后有向该二公司进行融资的行为,反而于 2013 年 6 月 14 日致函甲实业公司,提议将《补充协议》约定的融资机构改为庚投资公司。在 2013 年 7 月 30 日召开的丙房地产公司股东会上,乙置业公司承诺"在偿还融资债务之后,在销售款中优先支付甲实业公司股权转让款 7000 万元"。甲实业公司参加了该次股东会,但并未对丙房地产公司的融资行为及乙置业公司变更融资机构等行为提出异议。2013 年 8 月 21 日,工商登记机关为乙置业公司和丁置业公司分别出质给庚投资公司的 8500 万元股权和 1500 万元股权办理出质登记,表明乙置业公司实际上向庚投资公司进行了融资。综合考虑乙置业公司提议变更融资机构、股东会纪要的相关记载和股权出质给庚投资公司等事实,可以认定双方已经变更了《补充协议》有关融资机构的约定。但股权返还条件是否同时也因之而变更,则并不明确。即便继续沿用《补充协议》的有关约定,即以偿还变更后的融资机构即庚投资公司的债务作为股权返还的条件,从 2014 年 11 月 3 日工商登记机关为乙置业公司出质给庚投资公司的股权办理注销登记的事实可以推知,该条件也已经成就。在双方已经变更融资机构并且已经清偿融资债务的情况下,乙置业公司事后再向戊资产公司进行融资,并以尚欠该公司融资款为由主张《补充协议》约定的股权返还条件不成就,既缺乏事实和合同依据,亦不符合诚实信用原则,对其该项主张,法院不予支持。

鉴于乙置业公司返还甲实业公司股权还涉及丙房地产公司其他股东的优先购买权问题,根据《公司法》第 71 条的规定,需要取得其他股东过半数的同意。丙房地产公司的股东,除乙置业公司外还包括丁置业公司与王某。其中,乙置业公司、丁置业公司均为某置业股份有限公司的全资子公司,而某置业股份有限公司的实际控制人也是王某。乙置业公司与丁置业公司、王某之间的密切关系决定了在其与甲实业公司签订《补充协议》时,丁置业公司、王某不可能不知情。在二者明知存在股权返还约定,但又未在合理期限内提出反对或表示购买的情况下,根据《公司法》第 71 条第 2 款有关"其他股东半数以上不同意转让的,不同意的股东应当购买该转让的股权;不购买的,视为同意转让"的规定,应当视为同意。在 2013 年 7 月 30 日丙房地产公司召开的股东会上,丁置业公司和王某对于甲实业公司作为丙房地产公司的股东不仅没有异议,而且还认可其以股东身份行使权利,进一步证明其同意或至少不反对甲实业公司成为股东。

综上所述,办理股权过户手续并不存在约定条件或法律规定上的障碍。丙房地产公司辩称,其并非股权转让协议的当事人,因而不负有办理股权过户手续的义务。诚然,《补充协议》的当事人是甲实业公司与乙置业公司,负有股权返还义务的是乙置业公司。但有限责任公司的人合性决定了,股东向股东以外的人转让股权还涉及其他股东的优先购买权、股东会组成等一系列问题,不仅仅是转让双方的事。正因如此,我国的公司登记制度规定,即便在股权转让场合,能够申请办理股权过户手续的也只能是公司,而不是转让股权的股东。从受让人来说,其既可以通过请求转让股东督促公司办理股权过户手续的方式实现自身的利益,也可以直接请求公司办理股权过户手续。就此而言,甲实业公司请求丙房地产公司履行股权过户手续并无不当,丙房地产公司的该项抗辩理由不能成立。

丙房地产公司还辩称,甲实业公司的股权已经质押给他人,其要求办理股权过户手续的诉讼请求客观上无法实现,进而请求驳回甲实业公司的该项诉讼请求,这就涉及股权设定质押时能否办理股东变更登记的问题。对此,原《公司登记管理条例》《物权法》均无明确的禁止性规定。参照《物权法》第 226 条第 2 款“基金份额、股权出质后,不得转让,但经出质人与质权人协商同意的除外。出质人转让基金份额、股权所得的价款,应当向质权人提前清偿债务或者提存”的规定,在取得质权人同意的情况下,办理股权过户手续并无障碍。退一步说,即便因为质权人不同意等原因客观上不能办理股权过户手续,也仅是一个履行不能的问题,并不影响丙房地产公司履行股权过户义务的存在。如果确因设定质押等原因无法办理股权过户手续,丙房地产公司固然不能履行过户义务,但乙置业公司将代持的股权质押给他人,属于侵害他人财产权的行为,依法应当承担恢复原状或损害赔偿的责任。一审判决在甲实业公司提出明确的股权过户请求,并且认为该项诉讼请求于法有据的情况下,却驳回该项诉讼请求,要求另行处理,有违一事不再理原则,本院予以纠正。

基于上述,二审最高人民法院判决:甲实业公司与乙置业公司的上诉请求部分成立;一审判决认定事实基本清楚,但适用法律部分错误,裁判结果部分不当,应予纠正。最高人民法院依照《合同法》第 125 条、2017 年《民事诉讼法》第 170 条第 1 款第 2 项之规定,判决如下:(1)撤销北京市高级人民法院(2015)高民(商)初字第 3542 号民事判决;(2)乙置业公司自本判决生效后 10 日内给付甲实业公司股权转让款 60,706,600 元,利息按年利率 24%,从 2014 年 11 月 4 日起计至实际付清之日止;(3)丙房地产公司自本判决生效之日起 10 日内到工商登记机关办理变更登记手续,将乙置业公司代甲实业公司持有的30%股权过户到甲实业公司名下;(4)驳回甲实业公司的其他上诉请求;(5)驳回乙置业公司的其他上诉请求。

■ **再审最高人民法院**

案涉《股权转让协议》于2011年3月8日签订后,丙房地产公司即召开临时股东会并作出决议:吸收乙置业公司为新股东,甲实业公司退出丙房地产公司股东会。2011年5月18日,丙房地产公司向工商登记机关申请办理了股东变更登记。至此,甲实业公司已不再是丙房地产公司股东。但由于丙房地产公司所负债务及清偿情况,乙置业公司、甲实业公司又于2012年11月26日签订《补充协议》,约定甲实业公司对丙房地产公司享有的30%股权由乙置业公司代持。至于乙置业公司过户其代为甲实业公司持有的30%股权的过户条件是否成就的问题,双方当事人仍各执一词,现就该问题又提出再审申请。对此,法院认为,乙置业公司过户其代为甲实业公司持有的30%股权的过户条件成就。理由如下:第一,案涉乙置业公司与甲实业公司之间系股权代持法律关系有效。根据案涉《补充协议》中关于"3.2代持本协议2.1(2)约定的股权。甲实业公司同意由乙置业公司代持本协议2.1(2)约定的股权,经双方同意并承诺:鉴于目前不具备转股条件,甲实业公司享有丙房地产公司的股权暂不办理工商变更登记,股权交予乙置业公司代持,待具备转股条件后予以办理;在丙房地产公司实际经营过程中,甲实业公司根据《公司法》规定,对丙房地产公司享有知情权、监督权、重大事件参与权,乙置业公司全权负责丙房地产公司日常经营管理权,甲实业公司不参与丙房地产公司日常经营管理,但涉及200万元资金以上的费用使用应告知甲实业公司。待戊资产管理公司及己资产管理公司债务清偿完毕的当日,乙置业公司应将代持股权返还甲实业公司,甲实业公司派驻财务人员对丙房地产公司财务进行监管,并在丙房地产公司银行账户的财务票据使用的印章中加入李某的签章,以达到双方共同监管丙房地产公司财务"以及"2.1原股权转让协议及补充协议中约定的价款变更为现金及股权两部分组成:(1)现金部分为乙置业公司向甲实业公司支付的15,850万元。(2)股权部分为由甲实业公司拥有丙房地产公司30%的股权。双方确认,在任何情况下,甲实业公司在丙房地产公司持有的股权比例保持不变”的约定,应当认定案涉乙置业公司与甲实业公司之间系股权代持法律关系,该代持法律关系的约定亦为有效。原判决认定案涉乙置业公司与甲实业公司之间系股权回购以及股权转让法律关系不当,法院对此予以纠正。第二,原判决认定甲实业公司经公司其他股东半数以上,即丁置业公司和王某同意甲实业公司办理股东工商登记变更手续并无不当。丙房地产公司的股东为乙置业公司、丁置业公司和王某。实际出资人甲实业公司需得到丁置业公司或王某同意,才能办理股东工商登记变更手续。鉴于王某是乙置业公司和丁置业公司的控股股东,也是丙房地产公司的控股股东,原判决关于“在 2013 年 7 月 30 日丙房地产公司召开的股东会上,丁置业公司和王某对于甲实业公司作为丙房地产公司的股东不仅没有异议,而且还认可其以股东身份行使权利,进一步表明其至少不反对甲实业公司成为丙房地产公司的股东”的认定,亦不违背案涉当事人的本意。故根据《公司法司法解释(三)》第 24 条第 3 款“实际出资人未经公司其他股东半数以上同意,请求公司变更股东、签发出资证明书、记载于股东名册、记载于公司章程并办理公司登记机关登记的,人民法院不予支持”的规定,原判决认定甲实业公司经公司其他股东半数以上同意,即丁置业公司和王某同意甲实业公司办理股东工商登记变更手续,法院不持异议。但原判决适用《公司法》第 71 条审理本案不当,法院对此予以纠正。第三,在案涉股权已经质押给案外人的情况下,在取得质权人同意或当出质人清偿债务保证质权消灭后,就可以依法进行股权转让登记。故对原判决关于“隐名股东甲实业公司能够办理股权变更登记”的认定,法院亦不持异议。

基于上述,再审最高人民法院认为,乙置业公司的再审申请不符合应当再审的情形,裁定驳回乙置业公司的再审申请。

焦点问题评析

(一)关于当事人约定的代持股份返还

本案中甲实业公司能否请求乙置业公司返还代持的丙房地产公司股

权,实质上涉及代持股协议(本案中的《补充协议》)约定的股权返还条件是否成就的问题,以及在条件成就的情况下,股权已经出质能否请求返还,返还股权是否得到其他股东半数以上同意的问题。

在当事人存在特别约定的情况下,代持股份的返还(隐名股东的显名化)需要满足该特定条件。本案中,乙置业公司提议变更融资机构、股东会纪要的相关记载和股权出质给庚投资公司等事实,可以认定双方已经变更了《补充协议》有关融资机构的约定。但并未表明股权返还条件也一并变更,此时不存在向原融资机构融资的事实,原条件不再生效。即便继续沿用《补充协议》的有关约定,即以偿还变更后的融资机构即庚投资公司的债务作为股权返还的条件,该条件也已经成就。

实际上,隐名股东与显名股东就权利义务的分配所达成的代持股协议与一般民法所规定的契约并无本质区别,只要该协议建立于双方合意和善意基础之上,就应当对当事人产生约束力。①

(二)股权出质对代持股权返还的影响

关于股权出质是否构成不能返还的障碍,各级法院裁判思路并不一致。北京市高级人民法院认为股权出质会导致股权返还在客观上无法实现,当事人需要另行主张权利。最高人民法院在二审和再审裁判中,均明确了已经出质的股权并非绝对不可返还,在取得质权人同意或者出质人清偿债务消灭质权的情况下,均可实现股权的返还。即便该股权因出质而无法返还,也是由于名义股东擅自出质导致的,名义股东应当承担恢复原状或损害赔偿的责任,要求当事人另行主张权利不符合一事不再理的原则。

(三)隐名股东显名化的条件

关于隐名股东显名化的问题,在本案中,鉴于目标公司的股东包括丁置业公司、乙置业公司、王某,而丁置业公司和乙置业公司均为王某实际控制,可以认定各股东对于甲实业公司与乙置业公司之间的股权代持关系是明知的。同时,在 2013 年 7 月丙房地产公司召开股东大会时,甲实业公司派代表

---

① 参见王成勇、陈广秀:《隐名股东之资格认定若干问题探析》,载《法律适用》2004 年第 7 期。

出席会议,行使股东权利,丙房地产公司其他股东对此均表示认可。综合来看,可以认定甲实业公司成为显名股东已经获得了丙房地产公司半数以上股东的同意。也就是说,其他股东如对代持行为知情且未在合理期限表示反对或购买,可以结合其他事实被视为“同意”。

代持股情形中股权返还必须先证明代持法律关系的有效成立。代持股协议中约定的股权返还条件应当约束双方当事人。如何判定股权返还条件成立,最高人民法院个案体现出的裁判思路并不完全一致,需要具体案件具体分析,不能一概而论。对于代持股的商事交易而言,每个当事人都是自己利益的最佳判断者,事后的司法裁判者显然也并不比事先的当事人更理智和聪明。在不涉及公共利益和不损害第三人合法权益的情况下,当事人的预先安排应当优先于裁判者事后的选择性甄别,以维护社会交易秩序的稳定。①

---

① 参见王岩:《隐名股东确认之诉的几个问题研究》,载《法律适用》2007 年第 12 期。

案例四

隐名股东将代持股权转让给善意第三人应属合法有效

——毛某与焦甲、焦乙等股权转让纠纷案评析

商业实践中，基于隐私、成本、关联交易等各种因素的考虑，公司与股东之间可能采取不变更工商登记的方式内部约定出资份额和比例，由此引发的纠纷也较为常见。《公司法司法解释(三)》对隐名出资问题进行了规范，表明了法律对于此种交易形态的认可，但在制度上尚未对隐名出资问题形成一套完善的机制。隐名出资所牵涉的关系与利益多面而复杂，因此有必要从法律的层面上进一步完善制度保障，保证实践中商事活动的有序开展。对于隐名出资的交易模式，公司与股东之间的约定的效力如何认定，隐名股东的身份在何时进行显名化的变更，股东资格是否仍由名义股东享有，对于隐名股东的投资利益如何实现，与此同时，为保障有限公司的人合性，本文将就公司与股东之间隐名出资约定问题进行分析与讨论。

裁判要旨

对公司外部而言，公司的股权应当以对外公示的工商登记为准；在公司内部，有关隐名股东身份及持股份额之约定等属于公司与实际出资人或名义股东与实际出资人之间形成的债权债务的合意，除非隐名股东要求变更为显名股东以外，该约定不会引起外界其他法律关系的变化，亦不会破坏有限责任公司的人合性，故一般应当认可其有效性。

争议焦点

1. 股权认购协议是否合法有效？毛某是否享有某煤炭公司的股权？

2. 焦甲是否应当向毛某支付转让款并承担违约金？

3. 焦乙是否应就焦甲之债务承担连带保证责任？

案情概要

(一)基本案情

1. 案例索引

案号:(2016)最高法民终18号、(2015)辽民二初字第18号

案由:股权转让纠纷

审理法院:最高人民法院(二审)、辽宁省高级人民法院(一审)

裁判时间:2016年3月7日(二审)

2. 案件基本事实

2008年,毛某与某煤炭公司订立《生产责任制协议》,约定毛某出资3000万元承包该公司一工段生产经营。2009年,毛某与某煤炭公司订立《股权认购协议书》,约定毛某占该公司12%的股权,之前订立的协议作废,同时约定毛某、焦乙与其他股东组成股东会,公司股权以协议为准,与工商注册无关,其权利与义务由现任股东按出资比例享受,现公司法定代表人由股东会任命,股东内部之间可以相互转让全部或部分出资。该《股权认购协议书》签订后,双方未办理工商注册变更登记。

2013年12月,毛某与焦甲订立《股权转让合同》,毛某将12%某煤炭公司股权作价人民币1亿元转让给焦甲,焦乙作为担保方,田某作为见证人。焦甲与焦乙为同胞兄弟。

该《股权转让合同》签订后,焦甲未能按照合同约定时间履行其合同义务。2014年12月6日毛某与焦甲、焦乙、某煤炭公司签订《补充协议书》,约定:各方认可《股权转让合同》全部条款,内容合法有效,焦乙与某煤炭公司为焦甲的全部债务提供担保,保证方式为连带责任保证,保证期间至2015年

12 月 31 日止。

《补充协议书》签订后，焦甲仍未履行义务，毛某提起诉讼，请求判令焦甲给付股权转让款，并给付逾期履行的违约金，焦乙、某煤炭公司承担连带保证责任。

某煤炭公司目前注册资本金为 1900 万元。自 2008 年 4 月起，焦甲为该公司股东并担任法定代表人，持有 48% 的股份，为当时最大股东。2009 年 8 月起，A 加工公司亦为某煤炭公司的股东，持有 17% 的股份。2010 年 3 月 2 日至 2012 年 10 月 8 日，某煤炭公司的股东为焦甲和 A 加工公司，持股比例分别为 48% 和 52%。焦乙及毛某均非某煤炭公司的工商登记材料中所列明的股东。自 2007 年 8 月 23 日至 2015 年 10 月 10 日，焦乙一直担任 A 加工公司的法定代表人。

原告、被告在一审中的主张：

毛某（一审原告、二审被上诉人）主张：2013 年其与焦甲、焦乙签订了《股权转让合同》，毛某将其拥有的某煤炭公司的 12% 股权作价 1 亿元人民币转让给焦甲，付款时间为 2014 年 1 月 20 日前支付1000万元，其余 9000 万元在 2014 年度内按照季度分四次支付。该合同同时约定，如果焦甲未能按照合同约定按时支付股权价款，每延迟一天，应按延迟部分价款的 1‰以复利方式支付滞纳金；焦乙对焦甲的全部债务承担担保责任，同时约定了其他条款。上述合同签订后，毛某已经按合同履行全部义务一年有余，但焦甲却未按约向毛某支付股权转让价款，经过多次催要交涉，毛某与焦甲、焦乙、某煤炭公司于 2014 年 12 月 6 日签订《补充协议书》，明确约定焦乙与某煤炭公司为焦甲的上述全部债务提供担保，保证方式为连带责任保证，保证期间至 2015 年 12 月 31 日止。如果发生争议协商不成，可向毛某经常居住地的人民法院起诉解决。同时某煤炭公司又出具了《担保书》，保证内容、保证方式及保证期间与《补充协议书》相同。现焦甲严重违约，应当承担立即给付上述股权转让价款、滞纳金和全部涉诉费用的民事责任，焦乙、某煤炭公司承担全部债务的连带保证责任。

焦甲（一审被告、二审上诉人）主张：（1）原告毛某“债转股”必须经股东会表决通过,否则增资扩股无效。①根据《公司法》第 34 条,公司增资扩股必须经股东会表决通过。②根据《公司法司法解释(三)》第 24 条第 3 款的规定,实际出资人成为显名股东需要经过公司其他股东半数以上同意。债转股一事因未经其他股东表决而无效,毛某不具有某煤炭公司的股东资格。③因毛某的股权在法律上尚未成立,故其无法再次转让,其主张的股权转让款因而不存在。④毛某关于股东会决议举证不能。毛某既不能证明已经实际出资,也不能证明增资扩股经过了股东会表决通过,其就自己享有合法股权一事举证不能。(2)毛某不具有股东身份,转让的标的不存在。其与焦甲签订的《股权转让合同》不成立,焦甲不承担给付对价的义务,故毛某的诉讼请求不能成立。在二审庭审中,焦甲补充认为《股权认购协议书》系焦乙无权代理而签订,故不应当认定其效力。

焦乙(一审被告、二审上诉人)主张:(1)毛某拟转让的股权在法律上尚未成立,故其不可能履行了股权转让义务,其所主张的主债权因而不可能存在。毛某应举证证明在股权转让前,其已合法有效持有拟转让的股权,而其提供的证据不足以证明该事实。①毛某提供的付款凭证及收据与上述待证事实无任何关联性。②焦乙不认可《股权认购协议书》的证明效力。该协议的实质是债权转股权,即将毛某支付的煤矿建设费等款项转为股权投入,从而约定其持有股权。仅就债权转股权而言,应履行增资手续,按《公司法》第 34 条的规定,应经全体股东同意。该协议既未履行法律规定的增资手续,也未见其他股东在协议上签字确认。因此,该认购协议约定的债权转股权尚未产生法律效力,或者说,效力未定,尚有待补办手续并经股东追认。即使该认购协议有效,仅凭该协议尚不能取得股权。(2)焦乙在《补充协议书》中签署栏书写的“本人焦乙保证毛某投资金额肆仟万元整,如焦甲没能力支付的情况下”,意思是其保证范围为 4000 万元,保证方式为一般保证。该句话与《补充协议书》中的印刷字体约定矛盾,但焦乙认为,首先,《补充协议书》中的保证条款未经焦乙同意,对其无约束力。其次,焦乙所加的这句话是经毛某同意的。毛某拟好了《补充协议书》文本来找焦乙签字,焦乙要求修改否则拒绝签字,在毛某同意的情况下,焦乙加了这句话。即使主债权成立,焦乙的保证责任也仅限于4000万元债务范围内的一般保证责任。一般保证人享有先诉抗辩权,故应驳回毛某针对焦乙的诉讼请求。(3)一审判决提到焦乙作为保证人在《股权转让合同》中签字,对该担保问题,因主债权不成立,自无担保责任。即使主债权成立,焦乙提出以下三点免责理由,其一,因《补充协议书》的签订,焦乙的保证责任已发生变更,原合同担保责任不再适用;其二,即使适用《股权转让合同》的担保条款,也仅限于因债务人违约给债权人造成的损失,此损失仅指违约金;其三,因该《股权转让合同》未约定保证期间,按法律规定,以6个月为限,截至起诉日,五期付款中仅最后两期债务违约造成的损失在保证期间之内。

(二)法院观点及判决

■ 一审辽宁省高级人民法院

毛某与某煤炭公司、焦甲、焦乙签订的《生产责任制协议》《股权认购协议书》《股权转让合同》《补充协议书》是各方当事人真实意思表示,内容不违反法律规定,故合法有效。从上述协议能够清晰地反映出,毛某从开始向某煤炭公司投入3000万元建设资金到逐渐转变为持有该公司12%的股权后,由焦甲按1亿元价格予以收购及焦乙、某煤炭公司为本次股权收购予以担保的事实。上述协议签订后,毛某已按约履行,焦甲取得受让的股权后,未按约支付股权价款,构成违约,应当承担相应的付款和违约责任。焦甲关于其对毛某投入的3000万元经营权变为股权的事实不清楚,股权认购协议只有焦乙签字,身份不清,不同意毛某的诉请的抗辩理由。因其在庭审中对其在收购股权过程中由其签署的合同、协议等真实性均不持异议,故其上述抗辩理由不能成立,不予支持。

焦乙作为本次股权收购的担保人,不但在《股权转让合同》中作为担保方签字,且在之后其签订《补充协议书》的条款中更进一步明确《股权转让合同》全部条款内容有效。焦乙对焦甲的全部债务提供连带担保,故焦乙对焦甲因该股权收购产生的债务应当承担连带担保责任。焦乙虽然在《补充协议书》的签字处签写"本人焦乙保证毛某投资金额肆仟万元整,如焦甲没能力支付的情况下"的内容,但因各方在《补充协议书》中共同确认的协议条款并未进行更改,焦乙签字处签写的与协议条款不一致的内容,也未得到协议其他各方的签字确认。故无论在签字处以何种方式签写,除只具有签字的效力外,不能构成协议条款,不具有协议条款的效力,不能以此作为减轻协议条款中确定责任的抗辩理由。综上,焦乙作为保证人应当对焦甲本次股权收购所欠债务承担全部连带责任。

因某煤炭公司在《生产责任制协议》《股权认购协议书》《股权转让合同》《补充协议书》《担保书》均加盖了公章,对毛某所举证据的真实性并无异议,即使对焦乙的股东身份、毛某的投资款有疑问,也不能免除其应当承担的相应责任。故其不同意毛某的诉讼请求的抗辩理由,因为既无事实依据,又无法律依据,所以不能成立,不予支持。

基于上述,一审辽宁省高级人民法院判决:(1)焦甲给付毛某股权转让价款1亿元。(2)焦甲给付毛某违约金。(3)焦乙、某煤炭公司对焦甲的全部债务承担连带保证责任。(4)焦乙、某煤炭公司承担保证责任后有权向焦甲追偿。(5)驳回毛某的其他诉讼请求。

■ 二审最高人民法院

关于《股权认购协议书》的效力以及毛某是否享有某煤炭公司合法有效股权的问题。第一,对于焦甲、焦乙上诉认为该《股权认购协议书》实质为“增资扩股”的主张,法院认为,依据《公司法》及相关司法解释的规定,所谓有限责任公司的“增资扩股”应当是公司基于增加注册资本金之目的而增加新股东或原股东增持股份的行为。但从《股权认购协议书》的首部及具体条款的内容看,该认购协议书的目的在于确认焦乙、毛某为某煤炭公司股东的身份,并确定毛某持股之比例,而并未有增加注册资本金的约定。至于是否存在焦甲、焦乙所称的“债转股”的行为,单凭该《股权认购协议书》的内容尚不足以确认,且其对此也未能进一步提供证据予以证明。因此,焦甲、焦乙关于《股权认购协议书》实质为“增资扩股”并认为非经法定程序的“增资扩股”依法无效的主张缺乏事实依据,法院不予支持。

第二,对于毛某是否具备股东资格的问题,从《股权认购协议书》首部内容看,焦乙于2008年3月19日与某煤炭公司全体股东签订了《某煤炭公司股权转让协议书》，但依据某煤炭公司的工商登记材料，焦乙始终未出现在某煤炭公司工商登记的股东名册中。据此，可以认定某煤炭公司存在登记股东与实际股东不一致的情形，因此，不能仅依据工商登记之有无而断定毛某是否为某煤炭公司的股东。法院认为，在公司内部涉及股东之间的纠纷中，法律并未明确规定未经登记的股东不具备股东资格，而是应当结合其他证据综合认定。某煤炭公司以签订《股权认购协议书》的形式，确认了焦乙及毛某股东之身份，并认可该二人享有公司股东的权利及义务，据此可以确认毛某系某煤炭公司隐名股东这一身份，其股东资格不因未经工商登记而被否定。

第三，对于《股权认购协议书》中确定毛某持有12%的股权是否有效的问题，法院认为，对公司外部而言，公司的股权应当以对外公示的工商登记为准；在公司内部，有关隐名股东身份及持股份额之约定等属于公司与实际出资人或名义股东与实际出资人之间形成的债权债务的合意，除隐名股东要求变更为显名股东以外，该约定不会引起外界其他法律关系的变化，亦不会破坏有限责任公司的人合性，故一般应当认可其有效性。在案涉的《股权认购协议书》中，某煤炭公司确认了毛某享有12%的股权，明确了其投资份额，无论此协议的签订是基于其他实际出资人股权之转让，抑或其他原因，该协议所确定之内容均不违反法律法规的效力性强制性规定，应当依法确认其合法性。因此，就本案纠纷而言，毛某依据《股权认购协议书》享有以隐名股东身份持有12%的股权。

第四，对于焦甲上诉认为《股权认购协议书》系焦乙无权代理签订不应当认定其效力的问题，法院认为，尽管在某煤炭公司的工商登记信息中并未反映出焦乙与该公司之间的关系，但从2008年2月26日焦乙以某煤炭公司法定代表人的身份与毛某签订《某煤炭公司露天煤矿第一工段生产责任制协议》以及在某煤炭公司为毛某出具的3000万元收款收据上签字的行为可见，某煤炭公司对于焦乙以该公司名义与毛某所从事的行为是认可的，加之焦乙与某煤炭公司的法定代表人焦甲之间系同胞兄弟之关系，再考虑到焦乙系某煤炭公司对外公示的法人股东和A加工公司的法定代表人之身份，可以看出焦乙与某煤炭公司之间存在明显而紧密的利益关系。焦甲主张焦乙无权代表某煤炭公司签字,进而否认《股权认购协议书》的效力的上诉主张是不能成立的。

综合上述分析,一审法院作出的《股权认购协议书》合法有效的认定正确,毛某享有某煤炭公司 12% 的股权合法有效,其有权转让该股权。

关于焦甲是否应当向毛某支付转让款并承担违约金的问题。2013 年 12 月 28 日毛某与焦甲签订了《股权转让合同》,约定将毛某持有的某煤炭公司 12% 的股份转让给焦甲。法院认为,该转让合同涉及隐名股东即实际出资人转让股权的效力问题。前已分析,毛某在某煤炭公司内部享有的隐名投资人地位以及 12% 的股权依法应当得到确认和保护,因此,毛某在满足一定条件下,可以依法转让该股权。毛某拟转让之股权,系源于某煤炭公司《股权认购协议书》之确认,作为时任法定代表人的焦甲应当知晓该事实。在焦甲明知毛某为隐名股东的情形下,焦甲与毛某之间转让该 12% 股权的行为依法成立。根据本案的实际情况,某煤炭公司就该转让行为不但未提出异议,而且在 2014 年 12 月 6 日的《补充协议书》中承诺承担连带保证责任,并出具了《担保书》,此外,亦未见某煤炭公司的其他时任登记股东提出任何异议。因此,焦甲与毛某之间签订的《股权转让合同》合法有效,焦甲、毛某、焦乙、某煤炭公司四方基于此而签订的《补充协议书》亦合法有效,各方均应当依约履行合同。基于已经查明的事实,在《股权转让合同》及《补充协议书》签订后,焦甲未能如约履行支付股权转让款的义务,毛某主张焦甲继续履行付款义务并承担违约责任的主张符合约定和法律规定。

至于违约金的承担问题,依据《股权转让合同》之约定,如焦甲未能按时支付股权价款,每延迟一天,应按延迟部分价款的 1‰以复利的方式向毛某支付滞纳金。对此,焦甲在上诉中主张该违约金过高而请求予以减少。法院认为,违约金具有补偿和惩罚的双重性质,并且以赔偿非违约方之损失为主要功能。依据《合同法》第 114 条第 2 款"约定的违约金低于造成的损失的,当事人可以请求人民法院或者仲裁机构予以增加;约定的违约金过分高于造成的损失的,当事人可以请求人民法院或者仲裁机构予以适当减少"及

《合同法司法解释(二)》第29条“当事人主张约定的违约金过高请求予以适当减少的,人民法院应当以实际损失为基础,兼顾合同的履行情况、当事人的过错程度以及预期利益等综合因素,根据公平原则和诚实信用原则予以衡量,并作出裁决。当事人约定的违约金超过造成损失的百分之三十的,一般可以认定为合同法第一百一十四条第二款规定的‘过分高于造成的损失’”之规定,违约金之数额除按照双方的约定以外,还应当以实际损失为基础,兼顾公平、诚实信用的原则予以确定。因本案毛某之损失可以比照有关民间借贷司法解释的规定予以确定,一审法院认为《股权转让合同》约定的违约金中有关复利的约定过分高于毛某的实际损失,并据此在扣除复利的基础上,按照1‰的标准以双方约定的付款时间分段计算了违约金数额。一审法院的此种认定已经在考虑毛某实际损失的基础上予以适当减少,故最终认定违约金之标准并无不当,法院依法予以维持。

关于焦乙是否应当就焦甲之债务承担连带保证责任及保证责任范围的问题。在2014年12月6日涉案四方当事人签订的《补充协议书》中,第3条明确约定焦乙为焦甲的全部债务提供连带保证,但焦乙在该合同尾部以手写方式注明:“本人焦乙保证毛某投资金额肆仟万元整,如焦甲没能力支付的情况下。”对此,法院认为,该《补充协议书》之目的在于确认《股权转让合同》的有效性并敦促焦甲尽快向毛某支付转让款,此外,该《补充协议书》还意在确认焦乙以及某煤炭公司就焦甲应支付的全部债务承担连带保证责任。但从上述焦乙的手写内容看,其对《补充协议书》第3条中就担保范围和担保方式的内容进行了实质性的变更,即作为担保人的焦乙与债权人毛某之间就债权担保方式及担保范围并未达成意思表示上的一致。因此,《补充协议书》中有关担保人就焦甲全部债务承担连带保证责任的约定在焦乙和毛某之间并未成立。尽管如此,各方当事人在《补充协议书》中已明确确认了《股权转让合同》的有效性,而依据《股权转让合同》第6条第3项的内容“如果乙方(焦甲)不履行本合同中的相关义务,给甲方(毛某)造成的损失,由担保人(焦乙)承担担保责任”,焦乙在本案中所承担的保证责任应当予以确认。因该条款未约定保证责任方式,依据《担保法》第19条“当事人对保证方式没有约定或者约定不明确的，按照连带责任保证承担保证责任”的规定，焦乙依法应当承担连带保证责任。关于焦乙承担保证责任范围，其上诉主张该损失仅仅指违约金而不含合同约定的股价款本身，但从担保的价值和功能角度看，除非合同双方之间有明确约定，否则一般应当认为首先是就主债权进行担保，故前述条款中的担保范围应当认定为主债权本身以及违约金等更为恰当。在前述条款中有关保证人的保证责任范围存在歧义的情况下，依据《担保法》第 21 条第 2 款“当事人对保证担保的范围没有约定或者约定不明确的，保证人应当对全部债务承担责任”的规定，焦乙所承担的保证责任范围应当是债务人焦甲对毛某负有的全部债务。对于保证期间，《股权转让合同》中虽然没有约定保证期间，但在此后的《补充协议书》第 3 条中，各方明确了保证期间至 2015 年 12 月 31 日，而且焦乙并未对此提出异议，因此，应当按照此约定确定保证期间。本案毛某提起诉讼的时间为 2015 年 1 月 21 日，尚未超过保证期间，故焦乙上诉称其应当免除部分担保责任的主张不能成立。据此，一审判决焦乙承担连带担保责任并无不当，法院依法予以维持。

基于上述，二审最高人民法院认为：上诉人焦甲、焦乙的上诉请求缺乏事实和法律依据，法院不予支持；一审判决认定事实清楚，适用法律正确。法院判决：驳回上诉，维持原判。

焦点问题评析

(一)隐名股东与公司内部约定的出资份额与持股比例行为的效力

本案的核心争议点主要为：其一，在不变更公司工商登记的情况下，出资人与目标公司内部约定出资份额与持股比例行为的效力；其二，该出资人向其他股东转让出资份额以及第三人为转让款项的支付提供担保行为的效力。

本案一审法院从当事人意思表示真实性的角度出发，对内部约定持股比例行为以及隐名股东转让股权行为的效力予以认可。一审法院认为，本案中的《生产责任制协议》《股权认购协议书》《股权转让合同》《补充协议书》是各方当事人真实意思表示,内容不违反法律规定,合法有效。各方当事人均在上述文件上以签章形式作出了意思表示,且隐名股东毛某有实际的出资行为,履行了转让股权的义务,受让人焦甲逾期未履行支付股份转让款的义务,应当承担相应的违约责任,保证人焦乙与某煤炭公司应当承担连带责任。

二审法院则对本案中各方当事人的行为进行了更具体的分析,认为就内部约定行为而言,虽然不能像工商登记一样起到对外公示的效果,但其属于公司与股东之间有效的隐名出资约定。此时毛某作为隐名股东可以享有相应权益,在毛某未主张显名化的情况下,该隐名出资约定不涉及外部第三人利益,是合法有效的。

需要关注的是,毛某与某煤炭公司签订《股权认购协议书》时,某煤炭公司并未进行增资扩股,由此应认定毛某持有某煤炭公司的股权来源于原股东的转让,并通过股权转让方式进入某煤炭公司。

(二)实际出资人向其他股东转让出资份额的效力

对于毛某向焦甲转让股权以及焦乙、某煤炭公司提供担保的行为,在受让人与担保人对毛某隐名持股行为知情的情况下,应当认可隐名股东在公司内部转让股权份额行为的效力。本案中,基于各方当事人的身份关系(焦甲与焦乙为兄弟关系,焦甲作为股东担任目标公司某煤炭公司的法定代表人,焦乙为目标公司 A 加工公司的股东)以及在《股权认购协议书》《股权转让合同》《补充协议书》中的签章,应当认定焦甲、焦乙、某煤炭公司对于毛某隐名持股与转让股权的行为是完全知情且认可的,该股权转让与担保行为均合法有效,焦甲、焦乙、某煤炭公司应当履行相应的合同义务。

此外,在另一起公报案例中,最高人民法院同样确认,股东认缴的注册资本是构成公司资本的基础,但公司的有效经营有时还需要其他条件或资源。因此,在注册资本符合法定要求的情况下,我国法律并未禁止股东内部对各自的实际出资数额和占有股权比例做出约定,这样的约定并不影响公司资本对公司债权担保等对外基本功能的实现,并非规避法律的行为,应属于公司股东意思自治的范畴。[1]

由此可见,对股权代持协议的效力认定应当依据《民法典》总则编中关于民事法律行为效力及合同编中关于合同效力的相关规定进行判定。尊重当事人的意思自治,更有利于保护商业实践的自由创新。[2]

从上述案例我们可以看出,公司与股东之间关于约定隐名出资的约定,若是各方当事人的真实意思表示,且未损害他人的利益,不违反法律和行政法规的规定,应属有效,股东按照约定持有的股权应当受到法律的保护。

---

① 参见最高人民法院(2011)民提字第6号民事判决书。

② 参见丁广宇:《股权代持纠纷的有关法律问题》,载《人民司法》2019年第17期。